西藏特色产业高质量发展系列研究报告

西藏清洁能源产业
高质量发展研究报告

2021

U0884815

蒋晓艳 高晓东 何川 ◎ 编著

西藏人民出版社

图书在版编目（CIP）数据

西藏清洁能源产业高质量发展研究报告. 2021 / 蒋晓艳, 高晓东, 何川编著. -- 拉萨 : 西藏人民出版社, 2022.8
ISBN 978-7-223-07143-7

Ⅰ. ①西… Ⅱ. ①蒋… ②高… ③何… Ⅲ. ①无污染能源—能源发展—研究报告—西藏—2021Ⅳ. ①F416.2

中国版本图书馆CIP数据核字(2022)第080953号

西藏清洁能源产业高质量发展研究报告（2021）

编　　著	蒋晓艳　高晓东　何　川
责任编辑	央　拉
封面设计	格　次
出版发行	西藏人民出版社（拉萨市林廓北路 20 号）
印　　刷	西藏福利印刷厂
开　　本	787×960　1/16
印　　张	11
字　　数	146 千
版　　次	2022 年 12 月第 1 版
印　　次	2022 年 12 月第 1 次印刷
印　　数	01-1,500
书　　号	ISBN 978-7-223-07143-7
定　　价	32.00 元

版权所有　翻印必究

《西藏特色产业高质量发展系列研究报告》
编 委 会

主　　任：刘　凯　　罗旺次仁

副 主 任：卞利强

成　　员：陈爱东　　陈 敦 山　　狄方耀　　蒋晓艳

刘　妤　　禄 树 晖　　毛阳海　　秦国华

王芳艳　　闫 红 瑛　　张传庆　　张志恒

朱普选　　杨　　昆

总　序

建设团结富裕文明和谐美丽社会主义现代化新西藏的题中应有之义

一

党的十八大提出："要适应国内外经济形势新变化，加快形成新的经济发展方式，把推动发展的立足点转到提高质量和效益上来，着力激发各类市场主体发展新活力，着力增强创新驱动发展新动力，着力构建现代产业发展新体系，着力培育开放型经济发展新优势，使经济发展更多依靠内需特别是消费需求拉动，更多依靠现代服务业和战略性新兴产业带动，更多依靠科技进步、劳动者素质提高、管理创新驱动，更多依靠节约资源和循环经济推动，更多依靠城乡区域发展协调互动，不断增强长期发展后劲。"这一战略举措标志我国经济发展全面转向以提高质量和效益上来。党的十九大作出"中国特色社会主义进入了新时代"的重大论断，新时代"我国经济已由高速增长阶段转向以高质量发展阶段，正处在转变发展方式、优化经济结构、转换增长动力的攻关期"。高质量发展意味着高质量的供给、高质量的需求、高质量的配置、高质量的投入产出、高质量的收入分配和高质量的经济循环。"建设现代化经济体系是跨越关口的迫切要求和我国发展的战略目标"，"必须坚持质量第一、效益优先，以供给侧结构性改革为主线，推动经济发展质量变革、效率变革、动力变革，提高全要素生产率，着力加快建设实体经济、科技创新、现代金融、人力资源协同发展的产业体系"。新时代实现"两个一百年”奋斗目标、实现中华民族伟大复兴的中国梦，不断提高人民生活水平，必须坚持社会主义市场经济改革方向，推动经济持续健康发展。

面对新形势、新要求，西藏自治区党委团结带领全区各族人民，坚持习近平新时代中国特色社会主义思想，肩负国家重要使命，科学谋划雪域高原特色产业高质量发展布局，精心凝炼特色产业发展重点，全面推进西藏经济高质量发展，为祖国西南边疆富裕文明和谐美丽奠定坚实的产业高质量发展基础。

西藏聚力发展特色产业具有重大现实意义。第一，西藏聚力发展特色产业，是构建具有区域特色现代产业体系的重大举措。加快发展高原生物产业，有助于进一步优化特色农牧业产业结构；有利于建成一批特色农产品生产基地，带动西藏地区经济高质量发展，提高特色农产品市场竞争力与占有率；有助于加快西藏藏医药科技创新和标准化体系建设。加快发展文化旅游产业，有利于提升西藏旅游的便利度、友好度、知名度和可进入性，进一步凝练具有西藏特色的旅游品牌形象。加快发展清洁能源产业，有利于充分利用西藏极为丰富的特色能源资源，打造我国重要的清洁能源供应基地，为国家实施“双碳”战略做出贡献。加快发展绿色工业，有助于提升优质矿产资源开发效益，推进建材资源开发和促进西藏特色手工业高质量发展，以实际举措延长产业链、供应链和价值链。加快发展现代服务业，能够进一步推进具有中国特色的现代教育、养老、卫生、健康等体制机制创新，促使生产性服务业、管理性服务业和新兴服务业体系更加完善、机制更加灵活、服务质量进一步提升。加快发展高新数字产业，制定和落实好促进信息产业高质量发展优惠措施，有助于进一步构建网络化协同创新体系。加快发展边贸物流产业，完善商贸流通体系，加大交通干线、口岸要镇仓储物流培育力度，完善城乡商业网点和物流配送体系，能够降低成本以及提升西藏自产商品市场占有率和综合竞争力，促进西藏经济高质量发展。

第二，西藏聚力发展特色产业，是推进产业富民工程的主要体现。西藏聚力推动高原生物产业快速发展，积极发展高原特色农畜产品加工、绿色农牧业、藏药和生物医药产业，有利于生产更多高原健康绿色产品，提高市场化竞争力，使生产者和经营者获得更多收益。推动特色文化旅游产业全域发展，提高文化旅游产业的综合效益，有助于实现旅游富民。推动绿色工业规模发展，重点推动天然饮用水产业加快发展，布局好绿色矿产业，推进装配式绿色建筑应用等产业，在有效解决建材市场供需矛盾的同时，促进西藏消费者获得物美价廉的相关产品。积极发展清洁能源产业，构建以水电为主、多能并举的清洁、经济、稳定、可持续发展综合能源体系，进一步夯实国家重要“西电东送”接续基地战略地位，为西藏各族人民走向更加美好的生活提供能源保障。推动现代服务业整体发展，积极发展城市服务业、金融服务业、工业服务业、农业服务业，助力产业高质量发展、扩大社会就业，满足群众对美好生活需要。推动高新数字产业创新发展，有利于加快高新数字产业自身培育发展，赋能其他产业升级换代，为加快建设团结富裕文明和谐美丽新西藏培育更具活力和更有富民内涵的特色产业集群。推动边贸物流产业跨越发展，发展口岸经济，促进“双循环新格局”构建，带动边境地带群众增收致富，促进西藏各族人民在南亚大通道建设中收获不断增长的物质财富。

第三，西藏聚力发展特色产业，是支撑就业优先战略的重要举措。实施就业优先战略，就是要把促进就业放在经济共享发展的优先位置，作为经济高质量发展的优先目标，强化政府责任，加大资金投入和支持，积极培育发展能够容纳吸引更多从业者就业的朝阳产业和新业态，使就业优先成为思想共识、决策导向、行动自觉。西藏聚力发展特色产业，加大就业资金安排和整合力度，推动重大项目、高新技术项目和就业容量大的中小微企业加快发展，拓宽就业渠道，提升就业服务精准度、覆盖面、实效性。壮大产业带动就业，进一步改善困难群体就业，动态消除零就业家庭，使调结构与促就业形成良性互动态势。西藏聚力发展特色产业，完善就业政策，使更多就业、创业机遇涌现出来；实施重点产业优先发展战略，有助于加快推进统一、规范、灵活的人力资源市场建设，更好发挥市场在人力资源配置中的基础作用，使市场就业、区外就业取得新突破。

第四，西藏聚力发展特色产业，是形成“两屏”战略布局的重要支撑。“两屏”，即党中央在召开第五次、第六次西藏工作座谈会上提出，西藏是重要的国家安全屏障，也是重要的生态安全屏障。这是党中央根据西藏特殊区位条件和地理环境做出的科学定位，是对西藏各族人民的充分信赖，寄托了殷切期望。西藏自治区党委、政府在深入贯彻落实习近平新时代中国特色社会主义思想，贯彻落实习近平总书记关于总体国家安全观和治边稳藏重要论述，牢固树立总体国家安全观，全面提升维护国家安全能力和水平基础上，提出聚力发展特色产业，就是要通过加快发展特色产业为筑牢“两屏”提供坚实的物质基础。

第五，西藏聚力发展特色产业，是实现新型工业化、城镇化和全面实施乡村振兴战略等重大任务的现实路径。工业化与城镇化是欠发达地区实现经济高质量发展的必由之路。新型工业化与城镇化是现代化进程的一对孪生子，以城镇化推进工业化，以工业化促进城镇化，是新型工业化道路的重要内容，也是促进城镇化发展的有效途径。聚力加快发展特色产业，能够激发西藏经济活力，培育创新科技，加快西藏新型工业化和城镇化发展。积极推进特色产业高质量发展，进一步加快培育农业现代化的市场主体，推进农村产业现代化、市场化、信息化，以实际行动推进乡村振兴战略深入实施。

二

“十三五”时期是西藏与全国一道全面建成小康社会的决胜阶段，是发挥资源和区位优势，加快提升产业发展质量和效益的关键时期。按照中共西藏自治区第九次党代会和区党委九届三次全会部署，统筹推进“五位一体”总体布局和协调推进“四个全面”战略布局，贯彻落实新发展理念，坚持市场作用和政府作用协同发力，坚持产业发展和生态保护和谐共生，以提高发展质量和效益为中心，以推进供给侧结构性改革为主线，以创新驱动为引领，以改革开放为抓手，着力聚焦四条发展路径，大力推动高原生物产业快速发展、特色文化旅游产业全域发展、绿色工业规模发展、清洁能源产业壮大发展、现代服务业整体发展、高新数字产业创新发展、边贸物流产业开放发展，形成绿色环保、特色鲜明、优势突出、可持续发展的高原现代产业体系，加快实现从资源优势向经济优势、市场优势、竞争优势转化，为决胜全面建成小康社会提供坚实支撑。

2018 年，西藏自治区党委提出大力发展特色产业重大战略部署，强调以提高经济社会发展质量和效益为中心，大力培育具有西藏优势和市场竞争力的产业集群，重点发展高原生物产业、文化旅游产业、清洁能源产业、绿色工业、现代服务业、高新数字产业和边贸物流业等特色产业。西藏特色产业的发展重点包括：第一，加快发展高原生物产业。积极发展绿色农牧业，加强绿色农牧业基础设施建设，提高绿色农畜产品供给能力和产品品质，打造休闲农业；加快发展高原特色农畜产品加工，提升特色农畜产品加工技术研发和转化，打造高原特色绿色品牌，培育农畜产品加工龙头企业，构建新型农业经营体系；加快发展藏药和生物医药产业，加大高原作物深加工，全力打造藏成药知名品牌，加快生物制药和大健康产业创新发展。第二，加快发展特色文化旅游产业。构建“特色、全域、可持续、惠民”文化旅游产业体系。结合西藏优秀文化底蕴与核心要素，着眼打造重要的中华民族特色文化保护地和世界旅游目的地，开发特色精品旅游产品和线路，全面提高西藏旅游文化综合效益，扩大对外开放，全力塑造“游神圣第三极·享幸福新西藏”旅游品牌形象。第三，加快发展绿色工业。推动天然饮用水产业加快发展；布局好绿色优势矿产业，引进绿色开采技术，有计划地利用以锂为主盐湖矿产，铜、铅、锌等优势资源；积极发展绿色建材业，推进装配式绿色建材应用，合理布局建材业新增产能，有效解决建材市场供需矛盾；支持民族手工业创新发展，促进民族手工业上档次、上水平；加快发展节能环保产业，推动再生资源综合利用产业化。第四，加快发展清洁能源产业。重点发展水能、太阳能、风能、地热能。充分利用资源优势，加快能源基础设施建设，优化能源生产消费结构，改善民生用能条件，构建以水电为主、多能并举、互联互通的稳定、清洁、经济、可持续发展综合能源体系，积极推进重要的"西电东送"接续基地建设，把西藏打造成为国家清洁能源基地。第五，加快发展现代服务业。做大做强金融产业，坚持普惠金融和绿色金融，完善金融机构和市场体系；培育壮大新兴服务业，积极发展农业服务业、工业服务业、城市服务业，促进新兴服务业与现代农牧业、绿色工业、信息化、城镇化有机融合，提升新兴服务业高质量发展层次。第六，加快发展高新数字产业。重点发展大数据、互联网等信息技术应用、行业信息化解决方案、数字内容行业。深耕区内信息化市场，推动互联网、云计算、大数据、物联网等信息技术在经济高质量发展和社会政务管理等方面的广泛应用和深度融合，为西藏加快发展智慧旅游、平安城市、精准扶贫、维稳管控等提供有力支撑，打造智慧旅游试点城市和高原大数据中心试点城市。第七，加快发展边贸物流产业。完善边贸内贸流通体系，建设分级物流体系。建设出口商品生产基地。以共享共用为原则，完善商贸流通体系，加快发展口岸经济，加快推动内外贸易融合发展，加大交通干线、口岸要镇仓储物流培育力度，积极构建环喜马拉雅经济合作带，将西藏打造成为面向南亚开放的重要通道。

在中央特殊关怀下，在兄弟省市无私援助下，西藏自治区党委、政府团结带领西藏各族干部群众，扎实推进，西藏特色产业发展取得显著成效：第一，培育壮大高原生物产业。"十三五"期间西藏实施青稞增产、牦牛出栏行动，青稞产量、牦牛出栏头数比"十二五"末分别增长 12.2%、

25.2%，连续五年粮食产量稳定在100万吨以上，连续3年粮食安全省长责任制考核“良好”。农牧业产业化龙头企业162家，主要农作物综合机械化率达到65%。农畜产品加工业总产值57亿元，比“十二五”末翻一番。第二，培育壮大文化旅游产业。“十三五”期间西藏创新推出了“冬游西藏”，旅游人次和收入提前两年完成“十三五”目标，分别是“十二五”时期的2.3倍、2.4倍。农牧民参与乡村旅游就业8.6万人，年人均增收4300元。文化产业示范基地（园区）234家，产值超过60亿元，年均增长15%。第三，培育壮大清洁能源产业。“十三五”期间西藏澜沧江和金沙江上游清洁能源基地建设顺利推进，瓦托、金桥、加查等重要水电站投产发电。24个扶贫光伏能源项目实现并网。累计外送电力63亿千瓦时，实现了西藏电力从紧缺限电到富余输出的历史性转变。第四，培育发展绿色工业。“十三五”末西藏规模以上工业企业152家，比“十二五”末增长46.2%。天然饮用水销量年均增长10%以上，中成药年产量3586吨。绿色矿业稳定发展，铜锂等优势资源得到保护性利用。水泥年产量从468万吨增加到1085万吨，基础建材保障基本实现区内为主、区内外相互循环。第五，培育发展现代服务业。“十三五”期间西藏的市县乡村四级电商服务全面推开，网络零售额累计突破200亿元、增长20倍。社会消费品零售总额年均增长9.3%。上市公司达20家、增长81.8%，直接融资103亿元，金融业增加值占GDP比重提高1个百分点。第六，培育发展高新数字产业。“十三五”末西藏信息化指数从“十二五”末的63.3增长到75.8。首个云计算中心获评国家绿色数据中心。首条计算机整机生产线落地建成，填补了西藏电子信息制造业的空白。软件和信息技术服务企业超过300家，数字经济规模突破330亿元。第七，培育发展边贸物流产业。“十三五”期间西藏城乡流通体系逐步完善，货运总量和周转量分别达4093万吨和157亿吨公里。19家大型全国性电商和物流快递企业陆续落户，冷链仓储面积达到11.3万平方米。进出口贸易额累计约230亿元。总体来看，经过五年的产业培育与调整，产业链、供应链持续补齐建强，三次产业比例由“十二五”末的9:32.8:58.2调整为7.9:42:50.1，结构进一步优化，区位经济特色和优势产业的引领作用进一步彰显。

三

习近平总书记在中央第七次西藏工作座谈会上强调指出，当今世界正经历百年未有之大变局，当今中国正处在中华民族伟大复兴的关键时期。西藏是重要的国家安全屏障和生态安全屏障，是抵御美国等西方反华势力遏制分化中国图谋的前沿阵地，是维护祖国统一、反对民族分裂的重点地区。当前西藏工作呈现出新的阶段性特征，反分裂斗争进入关键期，社会大局进入实现长治久安的推进期，经济社会进入高质量发展的转型期，生态保护进入生态文明建设的深化期，边境建设进入富民强边的攻坚期。总书记概括的“五期叠加”的阶段性特征，反映出进一步做好西藏工作任务更重、难度更大、要求更高、使命更加光荣。我们必须保持清醒头脑、增强忧患意识，把形势估计得复杂一些，把风险挑战看得严峻一些，把各项工作做得更扎实一些，这样才能不断推进西藏长治久安，确保国家安全。面对新形势新任务，党中央确定新时代西藏工作指导思想为：坚持以习近平新时代中国特色社会主义思想为指导，全面贯彻习近平总书记关于西藏工作的重要论述和新时代党的治藏方略，增强“四个意识”、坚定“四个自信”、做到“两个维护”，坚持统筹推进“五位一体”总体布局、协调推进“四个全面”战略布局，坚持稳中求进工作总基调，深化反分裂斗争，铸牢中华民族共同体意识，推进藏传佛教中国化，提升发展质量，保障和改善民生，推进生态文明建设，加强边境地区建设，加强党的组织和政权建设，抓好稳定、发展、生态、强边四件大事，确保国家安全和长治久安，确保人民生活水平不断提高，确保生态环境良好，确保边防巩固和边境安全，凝心聚力建设团结富裕文明和谐美丽社会主义现代化新西藏。

“十四五”期间，西藏特色产业高质量发展的总体思路是：加快发展现代产业体系，推动经济体系优化升级，夯实产业基础，推进产业链现代化，提高经济质量效益和核心竞争力。第一，优化产业空间布局。根据城镇空间、生态空间、农业空间总体布局，综合资源优势、区位条件和产业发展基础，立足不同区域发展定位，发挥比较优势，因地制宜发展特色产业，推动清洁能源、文化旅游、高原生物、绿色工业、现代服务业、高新数字、边贸物流产业成为经济增长的重要引擎、转型发展的重要动力、人民幸福生活的重要指标、国民经济的重要支柱性产业、高质量发展的亮点和标志，产业增加值年均增长 10% 以上；第二，巩固提升传统产业。推动高原生物产业快速发展。推动特色文化旅游产业全域发展。推动绿色工业规模发展。推动边贸物流产业跨越发展。第三，发展壮大新兴产业。推动高新数字产业创新发展。加快信息技术与经济社会发展深度融合，促进互联网深度广泛应用，带动生产模式和组织方式变革，推动新一代信息技术与传统产业融合发展，实施互联网 +、人工智能、5G+ 赋能行动，形成网络化、智能化、服务化、协同化产业发展新形态。推动清洁能源产业壮大发展。加快流域综合规划编制，加快发展以水电、太阳能为主的清洁能源产业，全力推进清洁能源基地开发建设，打造国家清洁能源接续基地。推动现代服务业整体发展。加快生产性服务业向专业化和价值链高端延伸，大力发展研发设计、金融保险、节能环保、法律服务等服务业，加快推进服务业数字化；推动生活性服务业向高品质和多样化升级，加快发展健康、养老、育幼、体育、家政、物业等服务业。第四，完善高原特色产业综合扶持政策，坚持权利平等、机会平等、规则平等，坚决破除各种隐性壁垒，支持非公经济和中小微企业加快发展。落实西部地区鼓励类产业目录和国家各项财政、税收、金融优惠政策，完善高原特色产业综合扶持政策。加强银行信贷扶持，积极争取开发性、政策性金融支持，鼓励商业银行加大信贷投放力度，开发具有西藏特色的金融产品和服务，增强服务实体经济能力。积极推进地产产品研发推广应用，对本土资源加工类产品出藏运输费用给予财政补贴，增强保持产业链供应链稳定能力，加强供需动态匹配。构建有利于新技术、新产品、新业态、新模式赋能特色产业发展的政策环境。

四

2021 年 7 月在庆祝西藏和平解放 70 周年之际，中共中央总书记、国家主席、中央军委主席习近平来到西藏，祝贺西藏和平解放 70 周年，看望慰问西藏各族干部群众，给各族干部群众送去党中央的关怀。习近平总书记指出，西藏和平解放 70 年来，在党中央坚强领导下，在全国人民大力支持下，西藏各族干部群众艰苦奋斗、顽强拼搏，社会制度实现历史性跨越，经济社会实现全面发展，人民生活极大改善，城乡面貌今非昔比。实践证明，没有中国共产党就没有新中国，也就没有新西藏。毋庸置疑，党中央关于西藏工作的方针政策是完全正确的。习近平总书记强调，要全面贯彻新时代党的治藏方略，坚持稳中求进工作总基调，立足新发展阶段，完整、准确、全面贯彻新发展理念，服务和融入新发展格局，推动高质量发展，加强边境地区建设，抓好稳定、发展、生态、强边四件大事，在推动青藏高原生态保护和可持续发展上不断取得新成就，奋力谱写雪域高原长治久安和高质量发展新篇章。习近平总书记指出，推动西藏高质量发展，要坚持所有发展都要赋予民族团结进步的意义，都要赋予改善民生、凝聚人心的意义，都要有利于提升各族群众获得感、幸福感、安全感。要扬长避短，因地制宜，深化改革开放，加快铁路、公路及其他重大基础设施建设，加快发展特色产业，加快建设国家清洁能源基地，统筹发展和安全，走出一条符合西藏实际的高质量发展之路。

2021 年 12 月，中共西藏自治区第十次党代会提出，产业是高质量发展的根基。立足西藏经济社会发展实际，优化一产、壮大二产、提升三产，努力把资源优势转化为发展优势，积极培育战略性新兴产业，加快构建现代产业体系。加快发展文化旅游产业，坚持特色、高端、精品，丰富文化旅游产品，完善旅游基础设施，优化旅游业发展环境，创新旅游营销模式，促进文旅融合、提质增效。推动文化旅游产业全域全时高质量发展，实现文化产业产值翻一番；加快发展清洁能源产业，坚持水光风热互补、源网荷储一体，全力构建清洁能源“一基地、两示范”发展新格局。加快电力外送通道建设，着力建设国家清洁能源基地，打造新型电力系统示范区、清洁可再生能源利用示范区；加快发展绿色工业，重点推动绿色矿业、天然饮用水和民族手工业加快发展，开展战略性矿产资源和羌塘油气资源评估，推进扎布耶现代盐湖等产业开发，加快建筑业、建材业转型升级；加快发展现代服务业，着力发展研发设计、金融保险、节能环保等生产性服务业，重点发展健康、养老、育幼、体育、家政、物业等生活性服务业，更好服务实体经济和满足人民多样化需求。培育壮大消费市场，大力发展夜间经济。加快发展高原生物产业，坚持稳粮、兴牧、强特色，深化农牧业供给侧结构性改革，高标准建设一批青稞、牦牛等特色农畜产品生产基地和产业带。大力支持龙头企业加快发展，建强农牧民专业合作组织。加快发展藏药产业。加快发展高新数字产业，积极推动互联网、大数据、云计算、人工智能、卫星技术等新一代信息技术同经济社会发展深度融合，建设面向南亚数字港，推动产业数字化、数字产业化。加快发展边贸物流业，加强吉隆、樟木、普兰口岸基础设施和功能建设，实施边民互市进口商品落地加工。强化商贸流通体系支撑作用，推进城乡物流配送网络一体化，推动商贸流通体系向偏远乡村延伸。

2022年1月，西藏自治区政府工作报告提出，抓根基支柱，培育壮大高原特色产业。第一，大力发展高原特色农牧产业，高标准建设一批特色农畜产品生产基地和产业带，有条件的县区打造1—2个特色产业园区。引进和培育若干农牧业产业化龙头企业。第二，大力发展清洁能源产业。建设金沙江上游和雅鲁藏布江中游水风光储多能互补基地，加快雅江水电龙头工程前期工作，积极推进百万千瓦级光伏基地和高海拔风电建设，有序推进“新能源＋储能”试点示范，力争建成和在建装机1600万千瓦；第三，大力发展绿色工业。开展战略性矿产资源勘查，开工建设扎布耶万吨电池级碳酸锂项目，推进铜矿开发扩能提质。加快建筑业、建材业转型升级，引导绿色健康发展。天然饮用水产销量增长20%。支持民族手工业发展，推动藏医药产业扩量提质增效。实现规模以上工业增加值增长10%。第四，大力发展文化旅游产业。提升“冬游西藏”“文创西藏”影响力。优化旅游线路布局，打造G219、G318精品线路，推进文化旅游与乡村振兴、兴边富民深度融合，实现3A级以上景区智慧旅游覆盖面50%以上；第五，加快发展高新数字产业。积极融入“东数西算”布局，打造拉萨绿色数据中心集群和核心节点。加快工业互联网公共服务平台建设，在教育、医疗、交通、物流、矿山等领域培育15个5G应用示范，加速西藏数字“蝶变”。第六，加快发展边贸物流产业。建设两个以上冷链物流集散中心，构建城乡商贸流通一体化网络。推进边民互市贸易区、边贸市场和边贸点建设，实施边民互市进口商品落地加工，实现边境贸易和进出口贸易双增长。第七，加快发展现代服务业。积极发展研发设计、金融保险、节能环保等生产性服务业，支持发展健康医疗、养老育幼、家政物业等生活性服务业。培育新型消费热点，打造“西藏味道”美食街，发展假日经济、夜间经济。

习近平总书记指出，要走出一条符合西藏实际的高质量发展之路。西藏推进高原经济高质量发展具有良好的物质基础和巨大的资源优势。在“两个一百年”奋斗目标交汇的战略节点上，西藏特色产业高质量发展站在了新起点上，要围绕建成国家重要的战略资源储备基地、高原特色农产品基地、世界旅游目的地、清洁能源基地和面向南亚开放重要通道，打高原牌、绿色牌、特色牌，用好外力、增强内力、凝聚合力，切实把政策资源优势转化为经济高质量发展优势，让各族人民共享经济社会发展成果、奔向共同富裕，努力做到高原经济高质量发展走在全国前列！

五

2021 年是中国共产党成立 100 周年，是西藏和平解放 70 周年，是“十四五”开局之年，站在实现“两个一百年”奋斗目标交汇新起点上，为全面总结和平解放 70 年来西藏特色产业发展取得的经验，为新时代西藏特色产业高质量发展做出绵薄之力。西藏民族大学“西藏文化传承发展协同创新中心”组织校内外多学科专家与西藏涉及特色产业发展的厅局协同开展研究，在西藏产业 70 年与新时代高质量发展研究、西藏高原生物产业高质量发展研究报告、西藏文化旅游产业高质量发展研究报告、西藏绿色工业高质量发展研究报告、西藏清洁能源产业高质量发展研究报告、西藏边贸物流产业高质量发展研究报告、西藏高新数字产业高质量发展研究报告、西藏现代服务业高质量发展研究报告基础上，编纂了包括《西藏高原生物产业高质量发展研究报告（2021）》《西藏文化旅游产业高质量发展研究报告（2021）》《西藏绿色工业高质量发展研究报告（2021）》《西藏清洁能源产业高质量发展研究报告（2021）》《西藏边贸物流产业高质量发展研究报告（2021）》《西藏高新数字产业高质量发展研究报告（2021）》《西藏现代服务业高质量发展研究报告（2021）》共七册“西藏特色产业高质量发展系列研究报告”。其中：

1.《西藏高原生物产业高质量发展研究报告（2021）》

高原生物产业是西藏经济社会高质量发展的基础产业、优势产业、民生产业，是西藏经济稳定之基、发展之本、稳定之要。加快推进西藏农牧业高质量发展，是促进农牧民就业增收、全面建成小康社会、维护国家生态安全、确保长治久安的必然要求，具有特殊战略地位和现实意义。本书在详细梳理西藏高原生物产业发展区域特征、发展历程、发展环境、资源禀赋基础上，找出存在的问题和制约因素，总结发展成就及经验，提出高质量发展思路与目标任务、发展路径与对策建议。期望本书能对西藏高原生物产业高质量发展提供借鉴。

2.《西藏文化旅游产业高质量发展研究报告（2021）》

文化旅游产业是西藏传统优势特色产业，在西藏经济社会发展、生态文明建设、文化交流交融等方面具有重要作用。本书在梳理文化旅游产业概念界定及西藏文化旅游产业发展条件的基础上，重点总结西藏文化旅游产业取得的成就和特征，同时结合新发展阶段的发展环境与政策，提出西藏文化旅游产业发展面临的困境与挑战，并提出未来促进其高质量发展的对策建议。期望本书能对西藏文化旅游产业高质量发展提供借鉴。

3.《西藏绿色工业高质量发展研究报告（2021）》

绿色工业是实现西藏经济社会高质量发展的需要。本书结合国家统计局相关产业分类标准，从诠释工业产业集群内涵和行业入手，在阐述西藏加快发展绿色工业的必要性和重要意义的基础上，着重分析了西藏绿色工业发展现状与存在问题，按照西藏优势矿产业高质量发展专题、西藏绿色建材业高质量发展专题、西藏民族手工业高质量发展专题、西藏节能环保产业高质量发展专题，探讨了西藏绿色工业高质量发展面临的困境与挑战，提出了相应的对策建议。期待本书能对西藏绿色工业高质量发展提供借鉴。

4.《西藏清洁能源产业高质量发展研究报告（2021）》

西藏作为我国战略资源储备基地和“西电东送”接续地，以“坚持开发利用当地能源资源和外地输入优质能源并举，形成以水电为主，油、气和可再生能源互补的可持续发展综合能源体系”为主线，在增强区内能源供应保障能力的同时，为国家调整能源结构和顺利实现“双碳”目标做出重要贡献。本书通过梳理西藏清洁能源产业发展历程、取得的成就，归纳西藏清洁能源产业发展面临的问题与前景，集中对西藏太阳能、风能、地热能、水能等四大清洁能源产业进行较为翔实、系统分析，探讨了西藏清洁能源产业发展的优势与短板，提出了未来促进其高质量发展的思路与目标任务、发展路径与对策建议。期待本书能对西藏清洁能源产业高质量发展提供借鉴。

5.《西藏边贸物流产业高质量发展研究报告（2021）》

西藏作为连接东亚与南亚极其重要的陆路枢纽，有着不可替代的战略地位。在国家新一轮对外开放背景下，西藏肩负着时代重任，必须加快推进“环喜马拉雅经济合作带”和南亚大通道建设步伐。2021年是“十四五”开局之年。本书着眼于建设面向南亚开放的国际物流枢纽，以共享共用完善商贸流通体系、发展口岸经济，加快推动内外贸易融合发展和“双循环”发展新格局，加大交通干线、口岸要镇仓储物流培育力度，优化重点产业布局为发展要务。期待本书能对西藏边贸物流产业高质量发展提供借鉴。

6.《西藏高新数字产业高质量发展研究报告（2021）》

推动互联网、大数据、云计算、人工智能、卫星技术等新一代信息技术同经济社会发展深度融合，建设面向南亚数字港，推动产业数字化、数字产业化，加速西藏数字“蝶变”是西藏高质量发展的重要支撑。本书以西藏高新数字产业为研究对象，重点研究了西藏高新数字产业发展规模、发展特点、数字化水平和政策支撑体系。结合理论模型使用定量分析、案例分析、对比分析等方法，探索了西藏高新数字产业发展存在的问题和制约因素，提出了未来促进其高质量发展的战略与目标任务、路径与对策建议。期待本书能对西藏高新数字产业高质量发展提供参考。

7.《西藏现代服务业高质量发展研究报告（2021）》

提升西藏现代服务业的发展水平，对西藏优化产业结构、提升服务业层次和加快经济发展有重要意义。本书在梳理西藏现代服务业基本概况，以金融服务业、城市服务业为重点，分析了西藏现代服务业的发展历程、发展环境、资源禀赋，探索了西藏现代服务业高质量发展存在的问题和制约因素，总结了发展成就与成功经验，提出了未来促进其高质量发展的思路与目标任务、发展路径与对策建议。期待本书能对西藏现代服务业高质量发展提供借鉴。

以上七种书在研究内容上全面涵盖了西藏特色产业高质量发展的理论与实践问题。本系列研究报告的编纂，汇聚了西藏民族大学和西藏自治区内外相关领域的专家学者，历时一年多时间完成初稿，并经专家委员会论证、修改完善，最后由西藏人民出版社审定出版。在本系列研究报告的编纂过程中，我们牢牢把握本系列研究报告主要是为西藏区内各级管理干部和相关研究人员服务的宗旨，内容力求通俗易懂。本系列研究报告以西藏特色产业发展历程为基础，重在构建推动西藏特色产业高质量发展的框架体系，为读者提供具有实践意义的研究性借鉴。在具体结构上，上述七种书在文字叙述中穿插了一定的模块化图文。可以说，这套书对于全面了解西藏特色产业高质量发展具有很好的借鉴和参考价值。

在本系列研究报告即将出版之际，作为西藏高校的教育工作者，编写组成员为西藏特色产业发展取得的历史性成就感到无比自豪。作为本系列研究报告的主编，对参与本系列研究报告策划、撰稿、出版的各位专家表示感谢，感谢他们为此项工作贡献的智慧和力量。同时，由于时间紧，本系列研究报告对于西藏特色产业高质量发展的理论研究和现实问题探索有待进一步深入，典型经验有待进一步凝练，所提出的高质量发展路径与对策建议有待实践检验。今后我们一定会再接再厉，持续关注西藏经济社会高质量发展中所遇到的重大现实和理论问题，力争为助推西藏特色产业高质量发展做出更大贡献。

编　者

二〇二二年三月

目　录

第一篇　综合篇

第一章　清洁能源内涵与产业提出

清洁能源具有环保、能耗低且污染少的特点。世界各国对清洁能源的定义有不同的理解，但都将发展清洁能源作为人类能源需求可持续发展和生态环境保护的战略举措。我国政府机构也并未对清洁能源进行准确定义，但我国统计局于2002年将水电、核电、风能发电等作为清洁能源，国家能源局在《能源发展“十二五”规划》和《能源发展“十三五”规划》中列出水电、核电、风电和太阳能等清洁能源的发展成就，并提出能源结构调整的主攻方向为清洁能源。

一、清洁能源及产业内涵

（一）相关概念界定

概念的界定通常是理论研究过程中基础性的工作。而对有关概念的内涵与外延形成准确认识，理论研究的论证过程中则会紧扣主题，相关概念就会得以正确运用。

1．清洁能源定义

从某种意义上说，人类对能源的开发和利用的历史就是人类社会发展的历史。通常，将不同类型的能源和开发利用程度可划分为两种类型，一类是传统的化石能源（如石油、煤炭等），其特点在开发利用程度较高，生产技术、相关政策等方面相对成熟。另一类则是可再生的清洁能源（如水能、太阳能、地热能、风能、生物质能等），对比于传统的化石能源，其特点在开发利用程度不高，相关技术、政策等方面处于研究和完善。再者，根据国内外关于清洁能源定义的相关文献中，尚未有统一的定义。即便是清洁能源使用对环境的影响程度，各国也有不同的认知。

清洁能源，即绿色能源，是指无污染、低碳、直接用于生产生活的能源。从能源利用对环境污染的角度划分，定义为狭义和广义的两种清洁能源。狭义的清洁能源指可以安全开发利用和排放，对环境不造成污染的能源；广义的清洁能源指广域范围内，如在开发利用过程中，使用之后能产生碳排放量相对较少污染，对生态环境很少或者基本不对造成影响的能源。本报告以广义的清洁能源为主，对西藏清洁能源进行阐述和探讨。

2. 清洁能源分类

清洁能源主要包括可再生能源及非可再生能源两大类。可再生能源指不产生或极少产生污染物，可循环利用，环境污染低，消耗后可得到恢复补充。例如水能、太阳能、风能、生物能、海洋能、地热能等。非可再生能源指生产及消费过程中降低对生态环境的污染，包含使用低污染的化石能源（如洁净煤、洁净油等）和利用清洁能源技术处理过的化石能源（如核能）。将可再生能源和非再生能源进行比对，由于可再生能源具有随时再生的显著优点，虽然可再生能源受自然条件的影响，投资和维护费相对较高，但随着科学技术的飞速发展，其利用效率越来越高，发挥的作用也越来越大，已成为当前能源利用的主流。

3. 清洁能源优势

（1）储备丰富

大部分可再生能源的范围内可供无限次循环开发利用而不会导致枯竭。目前世界上已探明的水电资源的理论蕴藏量约为每年 40000 ~ 50000 吨每千瓦时，其中可被人类开发使用占 28% ~ 32%。如太阳能资源上，燃烧 500 万吨煤释放的热量只相当于太阳每秒钟照射到地球上的能量，因此清洁能源的可利用范围十分广阔[①]。

---

① 张玉婷 . 唐山市清洁能源产业发展战略研究 [D]. 华北理工大学，2018.

（2）清洁环保

清洁能源利用排放的碳含量低，不会对环境造成污染。如利用水能实现能量转化过程中，将由高到低的重力势能转化为动能，再由动能转化为用于发电的电能，从而减少了火力发电对环境的污染，保护环境。

（3）分布面广

我国国土辽阔，清洁能源分布广泛，但有些地区适宜利用水能，有些地区适宜太阳能能开发。因地制宜对清洁能源进行统筹规划，合理开发利用。

4．清洁能源的劣势

（1）开发成本较高

新时代的发展国家越来越重视清洁能源，把对清洁能源的开发作为重要的产业发展战略。我国的清洁能源产业起步较晚，相对于传统能源产业，在清洁能源开发过程中，在高新技术上还需投入大量的人力物力去夯实基础，同时作为新兴产业，其成本高于传统能源行业，使得开发和市场的风险并存，对清洁能源产业的发展形成了壁垒。

（2）供应波动较大

清洁能源具有随机性和波动性的特点，不同的地理位置，不同的海拔高度，不同的天气条件都会影响到清洁能源的利用效率，如天气的阴晴则会影响太阳能的利用；气候变化则会影响风能的利用；在我国有些地区分布着季节性河流，夏季为丰水期，其它季节水量少，影响水力发电模式，不利于连续供能。这些因素都制约着清洁能源的大范围推广使用。

（3）配套政策不到位

我国仍处于社会主义的初级阶段，生产力发展水平相对较低。对于清洁能源的利用尚在初期，尽管近年来出台了相关法规，但是相较于一些发达国家成熟的法律体系还是有很大差距。

（二）清洁能源产业集群内涵

1. 清洁能源产业释义

世界贸易组织《反倾销协议》中对产业定义为同种产品生产者的总体，或是占有该产品产量相当部分的生产者。我国《辞海》中对产业的定义为各种生产的事业。而在与经济有关的各门学科中，“产业”是一个被广泛应用的术语。可见，“产业”一词在在不同场合、不同的语言环境下，其内涵和外延都存在显著区别。广义而言，国民经济的各个组成部分可以构成“产业”。狭义而言，工业部门可以构成“产业”。

20世纪中叶以来，在经济学理论体系的重要分支产业经济学的框架中，将产业释义为广义角度下的各行各业，并包含产业组织、产业联系和产业结构三个层次。具体来说，产业呈规模性、效益性、社会功能性等特征。国内学者将新能源产业定义为“开发新能源的单位和企业所进行的经济活动的一系列过程”。沿用这种定义的思维结构并进行更深入的阐发，清洁能源产业定义为经济社会绿色发展提供清洁能源产品和技术保障的产业，包括清洁能源生产、技术装备和服务等，具有市场需求旺盛、产业链长、关联性强的特点。

2. 产业集群内涵

产业集群是指在某一特定区域内互相联系的公司、政府和机构的集合，企业间相互竞争与合作，实现产业链式的发展与创新，提高整体竞争力，推动区域经济快速发展。清洁能源产业集群围绕清洁能源开发，开发集成的产品、技术与服务，突出发展以水电、太阳能、风能、地热能为主的为重点的非化石能源发电，将与清洁能源发展相关的各种机构、组织等主体紧密结合起来，形成推进以风能、太阳能、水能及地热能为主的清洁能源产业集群。

3. 产业管辖行业

据国家统计局数据，我国清洁能源生产占比持续上升，其中天然气及水电、核电、风电产量始终保持增长趋势。截至2021年10月底，我国可再生能源发电累计装机容量达到 10.02 亿千瓦，突破 10 亿千瓦大关，占全国发电总装机容量的比重达到 43.5%，比 2015 年底提高 10.2 个百分点。其中，水电、风电、太阳能发电和生物质发电装机分别达到 3.85 亿千瓦、2.99 亿千瓦、2.82 亿千瓦和 3534 万千瓦，均持续保持世界第一①。作为清洁能源增量的主体，风能、太阳能和天然气等能源的发展是将来消费结构改革的抓手。

《西藏自治区“十三五”时期产业发展总体规划（2018 ~ 2020）》提出，大力发展与节能环保相关的重点产业，重点推进以非化石能源发电（如水能、太阳能、风能、及地热能）。开展新技术的集成、示范和推广研究（如水风光互补发电、光伏发电、风力发电及光热利用等）。

（1）风能

加强区内风能资源勘查，推进适用高原的风电机组技术研究，加快推进西藏风力发电项目建设。

（2）水能

加快内需电源建设，尤其是具有全年调节能力的骨干电源点建设，满足区内用电需求。大力开发区内金沙江、澜沧江、雅鲁藏布江等流域水电资源，加快建设国家清洁能源基地，“西电东送”基地和辐射南亚的清洁能源基地。

（3）太阳能

规划建设藏东千万千瓦级太阳能外送基地，鼓励利用“电网并网 + 多能互补”方式建设光伏电站，加强太阳能热发电和集热利用推广应用。

（4）地热能

重点开发中、高温地热资源，积极开展地热在城镇供暖和工业、养殖（种植）业、旅游业等产业的利用，拓宽地热利用领域。

① 截至 2021 年 10 月底，我国可再生能源发电累计装机容量达到 10.02 亿千瓦 [EB/OL]. 来源于国家能源局 .http://www.nea.gov.cn/2021-11/20/c_1310323021.htm，2021-11-20.

二、清洁能源产业背景

进入新世纪以来，传统化石能源的过度开采，给环境带来的问题气候变化和环境保护是当今世界各国关注的焦点。世界各国积极倡导低碳环保理念，纷纷寻求能源转型道路，能源优化选择与环境安全观念不断深入，清洁能源已成各国能源开发和利用的主流。

随着我国城镇化建设进程加快，部分地区仍存在高耗能的经济增长模式，给能源结构优化的造成巨大压力，同时也付出了沉重的环境代价。2006 年颁布的可再生能源法，各地区对清洁能源产业的重视，促进清洁能源产业快速发展。“十一五”以来我国大力开发利用清洁能源，“十二五”时期通过对能源结构的调整，煤炭消耗占比下降，清洁能源消费占比逐渐提高。我国《可再生能源“十三五”规划》指出“2030 年非化石能源占一次能源消费比重 20%，加快建立清洁低碳的现代能源体系，促进可再生能源产业持续健康发展”。基于此，我国规范和推动清洁能源产业发展，设置专门的职能机构，完善和制定支持清洁能源发展的各类规划及法规条款，对各种清洁能源发展提供各方面优惠的政策，支持清洁能源企业的技术革新。同时限制并关停落后煤电企业，大力发展环保型技术，促进清洁能源产业发展。使太阳能、风能、生物质能、天然气、水能、地热能等为主的清洁能源进入了规范化发展。2017 年 10 月，中国共产党第十九次全国代表大会（以下简称党的十九大）提出“高质量发展”这一概念。产业领域的高质量发展要改变过去那种高投入、高能耗的粗放型增长模式，探索绿色低碳、安全高效、可持续的发展模式。据国家统计局初步核算，2020 年全国煤炭消费量占能源消费总量的 56.8%[①]，2010 至 2020 年煤炭在一次能

① 2020 年煤炭消费量占能源消费总量的 56.8%[EB/OL]. 来源于中国煤炭网 . http://m.ccoalnews.com/news/202103/02/c140797.html，2021-03-02.

源消费结构中的比重从69.2%降至56.8%，依旧过半，但可再生能源消费比重也从9.4%提升到15.9%，能源结构得到极大调整，清洁能源产业持续健康发展。国家能源局颁发《"十四五"现代化能源体系规划》提出[①]，到2025年，非化石能源发电量比重到39%左右。《中华人民共和国国民经济和社会发展第十四个五年规划》指出，壮大清洁能源产业，推动绿色转型。

西藏地区的能源分布不均，煤炭、石油等传统能源稀缺，水能、太阳能、风能、地热能等清洁能源资源丰富。"十二五"以来，西藏清洁能源产业持续发展，在"十三五"期间，有关清洁能源项目投资1066亿元[②]，清洁能源产业的大力发展不仅提高西藏电力供应能力，也在电力外送上取得很大成就，截至2020年，西藏社会用电量82.45千瓦时，累计外送水电等清洁能源达65亿千瓦时[③]。

在党中央的亲切关怀和全国人民的无私支援下，自治区党委、政府团结带领全区各族人民，深入贯彻落实党的十九大和中央第七次西藏工作座谈会精神，主动适应经济发展新常态，牢固树立和贯彻落实创新、协调、绿色、开放、共享的发展理念。西藏自治区第十次党代会指出，加快发展清洁能源产业，加快电力外送通道建设，着力建设国家清洁能源基地，打造新型电力系统示范区、清洁可再生能源利用示范区。结合区域特色和项目特点，因地制宜创新。把清洁能源作为西藏的基础和优势产业。同时，西藏为我国重要的生态安全屏障，清洁能源开发与生态保护相得益彰、相互促进尤为重要。

---

① 《"十四五"现代化能源体系规划》[EB/OL]. 来源于中国电业于能源 . https://mp.weixin.qq.com/s/B5Tdsx4v5_LdmVtwDF28fw，2022-03-22.

② 有关清洁能源项目投资1066亿元[EB/OL]. 来源于中国西藏新闻网 . http://www.xzxw.com/zw/zwyw/202105/t20210526_3672726.html，2021-05-26.

③ 截至2020年，西藏社会用电量82.45千瓦时[DB/OL]. 来源于北极星售电网 . https://shoudian.bjx.com.cn/html/20201230/1125985.shtml，2020-12-30.

三、清洁能源产业提出

（一）国内

我国最先利用清洁能源是新中国成立之初的小水电建设。在“十五”时期提出优化能源结构，提高能源利用效率，积极发展水电、风能、太阳能等新能源和可再生能源。“十二五”时期推进能源多元清洁发展，培育发展战略性新能源产业创新发展工程。同时，我国在水电装备、核电装备、风力发电机、光伏组件、上游原材料制造等清洁能源产业链得到全面发展。党的十九大报告提出“创新、协调、绿色、开放、共享”的发展理念，发展清洁能源是能源生产和消费的必然选择。

（二）西藏

西藏最先利用清洁能源是在“十一五”时期提出使用微型小水电和太阳能、风能、沼气、地热等清洁、可再生能源，基本解决农牧民用电问题[①]，加快建立水电为主的综合能源体系。“十二五”时期，提出以水电为主，油气和新能源为补充的综合能源体系。“十三五”时期推进太阳能、地热能、风能等清洁再生能源开发利用，科学开发水电资源[②]，培育壮大清洁能源产业。中央第七次西藏工作座谈会上，贯彻新发展理念，加快推进清洁能源高质量发展[③]。“十四五”时期发展规划中提出，加快清洁能源规模化开发，形成以清洁能源为主、油气和其他新能源互补的综合能源体系。

西藏在经历了“十一五”时期、“十二五”时期、“十三五”时期、中央第七次西藏工作座谈会及“十四五”时期，对清洁能源的重视程度与日俱增，为西藏清洁能源产业发展制定了一系列实现目标及相关政策，为西藏清洁能源产业发展提供了强大后援保障。

---

① 西藏自治区“十一五”时期国民经济和社会发展规划纲要 [N]. 西藏日报，2006-01-25（001）.

② 中共西藏自治区委员会关于制定“十三五”时期国民经济和社会发展规划的建议 [N]. 西藏日报（汉），2015-12-31（001）.

③ 本报评论员 . 充分认识中央第七次西藏工作座谈会的重大意义 [N]. 西藏日报（汉），2020-09-07（001）.

第二章 西藏清洁能源产业环境

清洁能源产业发展过程中，遵循自然的发展规律，低碳、低排的利用清洁能源，对经济社会发展、环境发展以及能源发展都有益处。西藏煤炭、石油等传统能源稀缺，各地区的能源分布不均。但太阳能、风能、水能等清洁能源都非常丰富。这些清洁能源污染小，经济效益好，有利于可持续发展。

一、自然环境

（一）西藏丰富的自然资源

1. 丰富的水能资源

西藏是青藏高原的主体，地处我国西南部，地域广阔，环境优美，气候横跨热、温、寒三个地带，水资源十分丰富，素有“亚洲水塔”之称。西藏境内流域有 6418 条面积大于 50 平方公里的河流，有 28 条流域面积大于 1 万平方公里的河流，816 个水域面积大于 1 平方公里的湖泊。多年平均水资源总量占全国河川径流量的 16.5%，水资源量和人均水资源量均居全国第一[①]。西藏水能资源理论蕴藏量为 2 亿千瓦，约占全国的 30%，居全国首位[②]，但目前开发利用率仅 1%。其中蕴藏量在 1 万千瓦以上的河流多达 365 条，而西藏藏东南地区则是水能资源开发的集中地，其水能资源

① 谢雨燕 . 西藏自治区耕地生态承载力研究 [D]. 西藏大学，2019.

② 西藏有什么资源优势 ?[EB/OL]. 来源于来源于新浪新闻网 .http://k.sina.com.cn/article_6936027038_19d6b5f9e00100q4h0.html，2020-03-02.

主要来自雅鲁藏布江。雅鲁藏布江发源于日喀则市仲巴县杰马央宗冰川，境内长度为700公里，流域面积10万多平方公里。发源于康马县的年楚河是西藏境内另一条重要河流，流经江孜、白朗在日喀则汇入雅鲁藏布江。雅鲁藏布江干流天然水能蕴藏量为8000万千瓦，加上多雄藏布、年楚河、拉萨河、尼洋河和帕隆藏布等五大支流，天然水能总蕴藏量可达9000万千瓦[①]。西藏其他地（市）如林芝市的水力资源占全西藏70%以上，日喀则地区河川年径流总量350亿立方米，水利资源蕴藏量为1360万千瓦[②]。

2. 巨大的太阳能资源

西藏地区位于青藏高原腹地的中心，太阳日照时间高达1600 ~ 3400小时每年。太阳辐射强度较大，每年的平均辐射总量可达7000兆焦每平方米[③]。太阳能资源呈现由东向西逐渐增加的分布特点。不同经纬度和不同的环境条件，使得各地区太阳能资源分布不均。结合西藏地区的不同海拔高度将太阳能资源分为以下四个区域：分别是太阳能资源最丰富的地区为西部、北部地区；太阳能资源较为丰富的地区为喜马拉雅山西翼—那曲中、东部地区；太阳能资源比较贫乏的地区为西藏地区东南部；太阳能最为贫乏的地区为位于雅鲁藏布江的下游。

3. 较为丰富的风能资源

西藏的风能资源总储量约为93亿千瓦每小时，居全国第七位，春、冬季的风季时间长，资源较为丰富。由于海拔高、地势缓平，受高原强劲风动量下旋带动，西藏成为全国风能资源较丰富的地区之一。西藏有两大主风带，第一条主风带分布在藏北至阿里地区，与山脉延伸基本一致，这一区域海拔超过4500米，地势开阔；第二条主风带在喜马拉雅山脉和冈

---

① 西藏蕴藏巨大资源[EB/OL]. 来源于个人图书馆网. http://www.360doc.com/content/18/0516/15/48601348_754440929.shtml，2018-05-16.

② 叶翔. 真抓实干 兴水为民——记西藏自治区日喀则地区水利局[J]. 经济，2011（11）:110-111.

③ 郅海杰. 资源环境约束下的西藏能源产业发展战略研究[D]. 北京理工大学，2016.

底斯山脉的山谷地带东段。这两大主风带的年平均风速在 4.0 ～ 4.3 米每秒之间。受高原高海拔的影响，西藏全区的风速不高，年平均风速不超过 5.0 米每秒；全区风速最小的地点位于昌都芒康，因其地势位于河谷，年平均风速在 2 米每秒左右。

西藏春季和冬季的风能资源最丰富，而秋季最匮乏。在春、冬季，藏北至阿里地区的平均风速最高，为 4.1 ～ 5.0 米每秒。到了夏季，平均风速变小，西藏全区平均风速在 0.9 ～ 4.1 米每秒之间。西藏平均风速最小的是秋季，此时最高的风速位于藏北主风带，平均风速在 3.2 ～ 3.9 米每秒之间。

4．可开发的地热能资源

根据《西藏自治区地热资源规划》，结合西藏国民经济发展规划的实际将西藏地热资源进行了三级区划：5 个资源区、19 个资源带、75 个资源点[①]。

（1）低温地热资源区主要位于羌塘高原北部。平均海拔在 5000 米以上，面积 25.8 万平方公里，属于那曲市和阿里地区。热储平均温度为 76.58℃。另 30 处为无实测资料的地热显示区。

（2）中温资源区主要位于西藏中部的内陆区，平均海拔 4800 米，面积 29.4 万平方公里，属于那曲市的中部、南部及阿里地区中部。有水热显示区 151 处，泉水平均温度为 46.42℃，热储平均温度为 120.19℃[②]。

（3）低中温资源区主要位于西藏东部的三江地区，平均海拔 4000 米，面积 15.2 万平方公里，包括昌都市的 14 个地县。有水热显示区 190 处，泉水平均温度 39.73℃，热储平均温度 105.63℃，热储总面积 82 平方公里，热储总面积 130.11 平方公里[③]。

（4）高温资源区主要位于西藏南部的雅鲁藏布江流域地区，是西藏

---

① 孙宇浩，段金平，段海明．西藏可供开发地热显示区达 342 处 [J]. 西部资源，2014（01）:54.

② 孙宇浩，段金平，段海明．西藏可供开发地热显示区达 342 处 [J]. 西部资源，2014（01）:54.

③ 孙宇浩，段金平，段海明．西藏可供开发地热显示区达 342 处 [J]. 西部资源，2014（01）:54.

主要高温资源区。面积约 40.5 万平方公里，包括林芝地区、山南地区、日喀则地区及拉萨市。共有水热显示区 234 处，泉水平均温度 58.19℃，热储平均温度 142.76℃，热储总面积 255.60 平方公里；热储温度高于 150℃的显示区 52 处[①]。

（5）高中温资源区主要位于西藏西部，面积约 14.6 万平方公里，包括阿里地区的 6 个地县。有水热显示区 49 处，泉水平均温度 51.4℃，热储平均温度 134.02℃，热储总面积 47.49 平方公里[②]。

5. 可利用的生物质能资源

西藏地区矿物质能源缺乏，一直以来广大农牧区主要利用生物质能（牛、羊粪）通过直接燃烧方式作为其生活能源。由于气候条件和炉具的原因，西藏中西部地区生物质能利用效率只有 15% 左右（由西藏高原生物研究所承担的“固态生物质煤炭与户用气化炉技术在西藏的试验示范”项目 2007 年至 2008 年期间多次实验所测定），对资源造成了极大的浪费[③]。同时，西藏地区生物质能分布不均匀，农区农业剩余物较少。大部分秸秆被用作牲畜饲料。西藏东南部森林资源丰富，居民生物质能源得到充分保障，林业生产的残余物大多被废弃。但在高海拔地区的北部和中西部地区，主要是灌丛草原区、缺乏燃料木材资源，能源的生活只能依靠砍伐灌木、收集粪便和开挖的草根，从而出现水土流失、土地沙漠化等现象，严重破坏当地的生态环境。

6. 亟待评估的其他能源

由于特殊的地理和环境因素，对煤炭和石油等传统能源资源的勘探工作较少，研究水平较低，对成煤环境、成煤规律和煤炭资源潜力的认识还较浅，西藏重要含煤区资源潜力尚未确定，重点煤田矿区勘探程度参差不

① 孙宇浩，段金平，段海明 . 西藏可供开发地热显示区达 342 处 [J]. 西部资源，2014（01）:54.

② 孙宇浩，段金平，段海明 . 西藏可供开发地热显示区达 342 处 [J]. 西部资源，2014（01）:54.

③ 文雪梅，土艳丽 . 西藏生物质能源利用及展望 [J]. 西藏科技，2011（11）:26–28.

齐。西藏的石油储备能力不足，煤炭和石油没有得到大规模开发。

（二）西藏清洁能源特点和发展条件

1. 西藏清洁能源特点

（1）分布不均匀

众所周知，西藏地区水能资源主要集中在藏东南。其中雅鲁藏布江、澜沧江、怒江下游地区等的天然水能蕴藏量占全区的三分之二以上，地域分配极不均衡。河川径流中水资源主要集中在全年三分之一的时间里，受季节影响，冬春季节水量最小，呈现出年内分配不平衡的特点。西藏地区的地理位置、气候条件对太阳能和风能的分布也有影响，皆呈现不均衡性的特点，如风能资源和太阳能资源都集中于藏西藏北地区，而西藏人口及用电负荷集中在藏中藏东南地区。

（2）开发环境差

西藏地质地形复杂，地震、泥石流等自然灾害频发。如果在这些地区建设大型水利工程，将面临工程技术条件要求高、地基处理复杂等一系列技术经济问题。

2. 发展清洁能源的条件

（1）资源优势明显

西藏地区清洁能源储量超过 10 亿千瓦。其中：水能资源理论蕴藏量约 2.14 亿千瓦，约占 21.4%[①]；太阳能资源理论储量约 7 亿千瓦，约占 70%[②]；风能资源理论储量约 1.86 亿千瓦，约占 18.6%[③]。

（2）巨大的潜在市场

一方面，西藏作为水能、太阳能、风能、地热能资源富集地，将围绕金上、

① 西藏自治区发展和改革委员会，水电水利规划设计总院，成都勘测设计研究院，等 . 西藏自治区水能资源复查成果 [R].2015.

② 西藏自治区发展和改革委员会 . 西藏自治区“十三五”时期太阳能发展规划 [R].2015.

③ 西藏自治区发展和改革委员会 . 西藏自治区“十三五”时期风能发展规划 [R].2015.

雅中、藏东南、澜上、雅下等建设清洁能源基地项目[①]。如：西藏“十四五”规划的金沙江上游清洁能源基地首批 330 万千瓦光伏项目正式启动；三峡集团全面推动措美哲古 250 兆瓦风电和 150 兆瓦光伏项目建设，其中措美县建设成藏中风光互补一体化清洁能源基地；华能澜沧江水电股份有限公司发布《关于 2022 年新能源投资计划》拟在澜沧江云南段和西藏段规划建设“千万千瓦”级清洁能源基地。清洁能源产业在西藏市场具有巨大潜力，不仅可提升区内清洁能源外送能力，而且在有效保持水土、改善当地生态环境、促进生态牧业发展和开发清洁能源中实现经济增长与环境保护双赢。

另一方面，因地制宜开发清洁能源产业进行供暖工程。在农牧区推广应用小水电、太阳能光伏发电、阳光温室、太阳灶和太阳能热水器等清洁能源，替代农牧区使用的传统供暖能源（如牛粪、薪柴等）供暖，以减少碳排放，保护生态环境。在城镇乡村开发中高温地热能等清洁能源进行城镇乡村供暖，在改善民生环境的同时，拓宽地热利用领域。

二、经济社会环境

西藏国内生产总值连续多年保持两位数增长，进入发展稳定的最佳时期。同时，西藏社会持续全面稳定，为经济社会持续快速发展提供了有力保障。

能源作为国民经济和社会发展的重要基础。“环境友好、清洁高效”是人类社会发展对能源产业发展的基本诉求。我国将能源绿色发展作为应对气候变化问题的重要举措。西藏经济社会发展离不开能源的保障和支撑，从改善人民生活到能源产业的逐步成熟，西藏清洁能源发展始终坚持社会效益、生态环境效益与经济效益相协调、相统一的原则。

---

① 袁海霞. 为我区高质量发展贡献力量 [N]. 西藏日报（汉），2022-03-06（010）.

（一）西藏发展清洁能源产业的经济环境

1. 经济增长水平

“十三五”以来，西藏地区经济持续快速发展，其生产总值突破 1800 亿元，增速高于全国平均水平，人均地区生产总值超过 50000 元，经济实力明显提升，经济结构持续优化，经济持续保持健康发展良好态势[①]。2018 年，西藏经济增速持续位居全国第一，截至 2020 年，西藏经济运行稳定恢复，经济运行平稳向好，就业民生保障有力，主要指标加快恢复。根据地区生产总值统一核算结果，2020 年全年地区生产总值 1902.74 亿元，按可比价格计算，比上年增长 7.8%。第一产业增加值 150.65 亿元，增长 7.7%；第二产业增加值 798.25 亿元，增长 18.3%；第三产业增加值 953.84 亿元，增长 1.4%[②]。

2. 经济结构调整

2020 年，西藏生产总值达到 1902.74 亿元[③]，连续 27 年保持两位数增长。三次产业结构从 2010 年的 13.5:32.3:54.2 调整为 2020 年的 10:53.2:63.6，产业规模不断扩大，结构进一步优化。

3. 能源是西藏经济发展的保障

随着经济的发展和能源供应的提高，传统能源将进一步取代生物质能的消费。长期以来，西藏受能源供应紧张的制约，有大量潜在的能源需求得不到满足，特别是旅游、矿业、商业、服务业以及居民的能源需求。以清洁低碳为目标，大幅提高城乡居民清洁低碳能源消费水平和质量。

（二）西藏发展清洁能源产业的社会环境

1. 人口和城镇化率

城镇化是社会发展的必然趋势，城镇人口增长和基础设施建设必将

① 陈志强 . 辉煌“十三五”奋进新征程 [N]. 西藏日报（汉），2021-01-20（T02）.

② 西藏公布 2020 年全区经济运行情况：经济运行平稳向好 就业民生保障有力 [EB/OL]. 来源于央视网 .http://news.cctv.com/2021/01/26/ARTIMggsy4zOnjAiCgOMZGjA210126.shtml，2021-1-26.

③ 西藏生产总值达到 1902.74 亿元 [EB/OL]. 来源于《西藏统计年鉴 2020》.

推动能源需求的快速增长和结构变化。西藏城镇数量少、规模小，以少数民族为主，人口增长较快。“十三五”初期，西藏城镇化率仅27%，西藏推进了城镇化进程，为促进西藏人口适度集中，使得行政管理成本和基础设施建设、运营成本降低。2020年城镇化率已提高至32%[①]，全区城镇人口已超107万人。据“十四五”规划，未来五年，西藏城镇化率将突破40%，从而大大提高西藏城镇化水平。

2. 生活水平提高

改革开放以来，西藏人民生活水平得到了大幅度提高，2019年，西藏全区城乡居民人均可支配收入增长分别为10%和13%，继续位居全国第一。2020年西藏城乡居民人均可支配收入比2010年翻一番。农村居民人均可支配收入14598元[②]，比上年增长12.7%，连续18年保持两位数增长，近5年增速保持在13%左右，增速均居全国第一。城镇居民人均可支配收入41156元，比上年增长10%。随着城乡居民收入水平的提高，对清洁能源服务的需求也随之提高，高品质、高效率、清洁的能源成为优先选择，供暖等能源需求量变得越来越大。

3. 城乡居民生活用能

根据党中央提出的坚持人民主体地位，把切实提高西藏人民生活水平作为社会发展的重要任务。随着西藏人民生活水平的提高，家用电器等用电量增长较快，提高了城乡居民的电力消费水平。西藏地区特殊气候特点，政府大力推进城镇供暖工程。如拉萨市主城区已实现集中供热，而其他城镇利用电采暖、太阳能采暖方式也呈稳步增长态势，提高了生活燃料中的燃气比重。而在西藏农村居民的生活用能仍以照明为主，其照明用电普及

---

① 2020年城镇化率已提高至32%[EB/OL]. 来源于拉萨日报 . http://www.lasaribao.com/lsrb/pc/content/202102/04/c109457.html，2021-02-04.

② 农村居民人均可支配收入14598元[EB/OL]. 来源于中国网 . http://photo.china.com.cn/2021-08/20/content_77705446.htm，2021-08-20.

率达到98%以上，电视普及率达到92%以上[①]。

4. 环境约束

近年来，西藏冰川融化，雪线呈上升趋势，对雪域高原生态环境构成严重威胁。西藏在自然、生态和环境方面发挥着非常重要的作用。统筹经济社会发展和生态环境建设，是西藏发展的基本方针。因此，在能源的开发和利用上必须立足于发展当地优势的可再生能源且必须高度重视生态保护问题。

5. 技术进步

西藏地区多数小城镇多沿公路、河流和边境线发展，且有大量分散居住的农牧民。清洁能源技术进步，满足了这些地区的能源需求，改善了这些地区的能源结构。技术进步使清洁能源成为解决西藏能源供应问题的重要能源来源，有利于维护西藏原有的生态环境。

三、政策环境

党中央历来高度重视西藏工作。习近平总书记提出了治边稳藏的重要战略思想，中央第七次西藏工作座谈会又明确了“依法治藏、富民兴藏、长期建藏、凝聚人心、夯实基础”的重要原则；2017年李克强总理强调：“西藏地处边疆，是‘世界屋脊’，也是我国重要的生态屏障，应该把西藏工作放在全国大局中谋划发展”。针对能源建设现状，自治区党委、政府立足区情，及时让中央政策落地，积极做好衔接配套，充分利用西藏太阳能资源丰富的特点，实行系统完善、高效实用的政策，有效协调光伏利用与光热快速发展之间的关系，大力扶持太阳能开发利用项目。同时结合西藏资源分布状况，以政策为先导，因地制宜，要优先发展以太阳能供热

① 刁海青．西藏地区太阳能开发利用的经济学分析与对策研究[D]．西藏大学，2010.

为主、以天然气或生物质能为辅的分布式供热项目。2020 年 6 月至 10 月，西藏清洁能源已通过青藏、昭沂直流经山东送至雄安新区，并消纳电量 1 亿千瓦时，助推受端地区节约标准煤消耗 2.99 万吨，减少排放二氧化碳 9.92 万吨、二氧化硫 0.29 万吨，助力西藏清洁能源最大规模消纳和受端区经济社会发展①。

（一）清洁能源政策

1. 国外

美国于 1978 ~ 2007 年分阶段颁布了五部综合性能源法案，从国内能源自给、能源安全、贷款担保资金融通机制、提高能效到节能、高效用能、促进可再生能源开发，其实质都是发展清洁能源的重要性。为促使清洁能源和可再生能源的发展，美国不仅制定了符合国情发展的综合性法案，还制定了针对性更强的单一性法案。如 1974 ~ 1980 年先后制定了《太阳能供热和制冷示范研究、开发和示范法案》和《太阳能光伏研究、开发和示范法案》《太阳能和节能法案》等。1970 ~ 1980 年通过了多部地热能研究、开发和示范法案和《地热能法案》等，更好地对某一清洁能源的发展与推广提供详细具体的规定。在清洁能源法分阶段颁布之后，2009 年颁布了《2009 年美国复兴和再投资法》，这一法案是清洁能源最详细的综合性法案。

欧盟于 1986 年颁布的《欧盟能源政策》标志着欧盟清洁能源政策格局的形成。1997 年发布的《未来能源：可再生能源共同体战略和行动计划白皮书》明确能源发展的核心力为发展可再生能源，并细化具体目标提出严格要求。2000 年签署的《欧洲能源供应安全战略绿皮书》，能源政策需作为新的共同体特性。2002 年出台《欧洲智慧能源》政策，规定在

① 西藏消纳电量 1 亿千瓦时 [EB/OL]. 来源于中国日报网 . https://baijiahao.baidu.com/s?id=1688649657382790868&wfr=spider&for=pc，2021-01-12.

2003 — 2006 年各成员国发展清洁能源并支持各成员发展清洁能源的研究开发。随后相继发布和通过《可再生能源：欧洲能源市场的主要参与者》和《巴黎气候变化协定》，承诺到 2030 年将温室气体排放量减至 40%。

日本于 1974 年制定了《新能源技术开发计划》；1978 年出台的《节能技术开发计划》；1979 年制定了《节约能源法》；1980 年日本颁布了《替代石油能源法》。1993 年日本政府颁布了《新阳光计划》，该计划的重点内容是对太阳能技术的开发和利用。1997 年，日本政府颁布了《新能源法》。2002 年，日本颁布了《电力设施新能源利用特别措施法》，规定个人或企业有义务去购买清洁能源发电设备，使用太阳能、风力和地热等方式生产电力。2008 年，日本继续普及家庭太阳能发电设备的使用，通过提供财政补助和政策支持鼓励家庭购买太阳能发电设备并使用太阳能发电。

2. 国内

2006 年，我国颁布和实施的《可再生能源法》，促进了太阳能、风能等清洁能源产业发展，从最初的起步阶段进入了快速发展阶段。同时根据《可再生能源法》，指导相关配套政策措施的制定，对科研机构和企业的技术研发、项目试点和投资建设起到了积极的指导作用。同时，中央政府陆续出台了一系列可再生能源发展的配套政策法规，并进一步制定了可再生能源发电的配套实施措施，也极大地规范和促进了太阳能、水能、生物质能、风能的开发利用。

（1）太阳能

太阳能上网电价及补贴方面，2005 年中央出台了一系列激励光伏产业发展的政策，2009 年出台了太阳能光伏补贴政策，即《金太阳示范工程》。2012 年颁发的《关于印发太阳能发电科技发展“十二五”专项规划的通知》，针对我国不同地区的太阳能资源和发电站建设成本不同，将上网电价主要划分为三类：I 类资源区按 0.9 元 / 千瓦时执行、II 类资源区按 0.95 元 / 千瓦时执行、111类资源区执行按1元/千瓦时的执行标准。在补贴政策方面，一是对未通电偏远地区离网发电进行补贴，二是对大型太阳能光伏发电项目进行补贴，三是对示范性光伏项目进行补贴。

其他政策上，2013年国家税务总局颁发了《关于光伏发电增值税政策的通知》中，明确销售自己生产的太阳能电力产品的纳税人，可以享受增值税即征即退优惠政策。在2016年国家能源局印发了《太阳能发展“十三五”规划》，极大促进了太阳能产业进步，使产业的市场化发展摆脱对政府补贴的依赖，加快产业结构升级，减少产业成本，扩大应用范围。同时，通过示范工程建设，推进太阳能发电产业化。大力推进示范工程建设，完善产业政策体系和管理体系，完善各项技术标准。制定检测认证服务系统与各项标准，促进多种太阳能热发电技术路线的产业化，为实现2030年非化石能源占一次能源消费比例的20%目标提供了政策支持和保障。

（2）水能

水能开发上坚持“水火并举，因地制宜，优先发展水电”的政策方针，主要表现在水电税收优惠政策和上网定价方面。1996年施《中华人民共和国电力法》规定“同网、同质、同价”政策，2012年为促进水电持续健康发展，国家能源局组织编制了《水电发展“十二五”规划》，使得新批复的抽水蓄能、常规水电工程装机容量再创历史新高。2013年国家发改委下发《关于完善水电上网电价形成机制的通知》，确立《以电力消纳地平均上网电价核定水电上网电价》的新政策，水电建设进入黄金发展期。

（3）生物质能

在生物质能方面明确建设规模。在2006年生物质能开发利用的环境影响评价中提出，应合理布局。明确城市生活垃圾集中处置规划的基础上建设生活垃圾焚烧发电项目；明确秸秆发电项目应该建在农作物比较集中的地区；明确森林生物质发电项目应分布在重点林区；明确沼气发电项目和城市污水处理工程、大型畜禽养殖场、工业企业污水处理工程配套建设；

明确供热地区县乡镇周边建设的农林生物质发电项目，应尽量与城市集中供热相结合，建设生物质热点联产项目。

（4）风能

在风电方面，我国采取固定电价、电价附加征收的费用分摊政策。随着风电开发成本的降低，我国风电基准上网电价也在逐步降低。2009 年，国家发改委出台了陆上风电上网电价基准。根据风电资源现状和项目建设条件，将全国划分为Ⅳ类风电资源区，确定了不同的基准上网电价。在此基础上，国家发展和改革委员会分别在 2014 年和 2016 年下调了风电基准电价，并在 2018 年制定了风电基准电价，以引导市场预期[①]。

（二）清洁能源产业发展政策

1．国外

欧洲、美国、日本、印度和巴西等国在清洁能源领域走在世界的前列。欧洲清洁能源市场和产业的年均增长速度都在 20% 以上；印度和巴西在风力发电和生物燃料方面取得了较大的进展。国外鼓励清洁能源发展的政策主要体现在目标引导、价格激励、财政补贴、税收优惠、信贷扶持、出口鼓励、科研和产业化促进等方面。

2．国内

（1）财税政策

财税政策为激励清洁能源产业发展提供资金支持。目前，我国清洁能源产业已进入技术开发降本阶段，并开始规模化、规范化发展。与传统能源产业相比，清洁能源产业发展较晚，起步较低，未来的发展仍依赖于政府财税政策的支持。

（2）融资政策

西方国家通过金融机构设立绿色能源专项投资或配额，丰富清洁能源

① 刘昌义，朱蓉，王阳．我国风能发展的经济与政策分析 [J]. 阅江学刊，2018，10（01）:118-130+148.

融资渠道，促进清洁能源产业发展。在我国主要依靠政府的财税政策来扶持清洁能源产业的发展，长期来看，建立多元化的融资渠道，应推动建立清洁能源的健康发展。

（3）人才政策

人才梯队是清洁能源企业技术创新的重要保障。目前，人才短缺制约着我国清洁能源产业的发展。加强人才交流，多渠道引进人才，是促进清洁能源产业技术交流与发展的有效手段。同时，通过人才的引进和培养，以及人才评价机制和保障机制的建设，为我国清洁能源产业的发展提供人才保障。

（4）技术政策

我国的清洁能源产业技术与欧美等发达国家相比还有很大差距。首先，良好的创新机制是促进清洁能源产业技术发展的首要条件。其次，清洁能源产业面临亟待解决的关键技术问题。最后，推进科技体制改革、技术创新和加快清洁能源产业发展都离不开技术支持。

（5）国际竞合

开展国际竞争与合作，促进清洁能源企业间的国际交流，对协调双方在清洁能源领域的矛盾有重大意义。通过与“一带一路”沿线国家在清洁能源领域的合作，我国既实现了本国在清洁能源领域的资源和市场优势，也凸显了我国在清洁能源技术方面的优势，实现了互利共赢。同时，创新国际清洁能源技术转移机制，避免了发达国家在清洁能源领域的技术壁垒，实现了我国清洁能源技术的快速发展。

（6）配套措施

清洁能源产业的发展还离不开知识产权的保护、提升公民意识、产业发展规划协调等配套措施。首先，加强知识产权保护可以促进清洁能源产业技术的发展，维护清洁能源企业的利益，更加重视对清洁能源技术研发的投资。其次，企业可以通过政策宣传来提高公民发展清洁能源的意识，公民参与清洁能源产业的发展可以获得广泛的公众基础。清洁能源产业发展规划，区域清洁能源产业发展协调，清洁能源与传统能源发展协调，清洁能源项目及配套措施协调。最后，通过完善立法，清洁能源产业的发展得到法律保障。建立监督机制，促进资源有效配置。

3. 西藏

（1）电力体制改革

坚持推进厂网分开。坚决贯彻落实国家电力体制改革系列文件精神结合自治区电力发展的实际情况，保留现有直孔水电站等装机容量62万千瓦电源资产作为系统的调峰调频电站，除抽水蓄能电站外不再参与电源建设，逐步实现厂网分开[①]。

电力补偿机制。为更好地构建国家安全屏障和生态安全屏障，建立电力基础公益性的反哺机制。争取国家设立财政专项资金，建立西藏电力普遍服务补偿机制，弥补电力企业承担最基本公益性服务而导致的亏损。

清洁能源电气化。为保护国家生态安全屏障，贯彻落实国家“退耕还林、退牧还草”政策和《大气污染防治行动计划》的各项要求，逐步推动自治区薪柴等传统用能向清洁能源电气化转变。积极推动自治区清洁能源电能替代相关工作，力争在全国率先实现电气化。

（2）电力交易市场化

逐步建立区内电力直接交易机制。根据《西藏电力交易中心有限公司股份制改造方案》《西藏电力市场管理委员会组建方案》《西藏自治区能源局电力援藏资金管理规定》《西藏自治区电力设施建设与保护办法》等文件，组建相对独立的电力交易机构，完善电力市场监管体系。开展售电侧改革试点，积极培育售电业务主体。按电压等级分期分批放开用户与发

① 国家发改委、能源局批复西藏自治区电力体制改革方案（全文）[EB/OL].来源于北极星电力新闻网.https://news.bjx.com.cn/html/20180622/907605-2.shtml，2018-06-22.

电企业开展直接交易。参与电力市场交易的区内发电企业上网电价，由用户与发电企业通过协商、市场竞价等方式，在政府规定的基准价格上下浮动范围内自主确定。参与电力市场交易的用户购电价格由市场交易价格、输配电价（含线损）、政府性基金及附加三部分组成。

建立跨省区电力交易机制。加强与区外省份的沟通协作，化解冬春季节电力紧张局面。国网西藏电力有限公司负责与区外协商签订季节性的电力外购长期协议，明确价格水平和负荷峰平谷特性。鼓励发电企业在电力富余季节主动开拓外部市场，基于国家确定的跨省区输电价格，按照售电地区市场规则，参与各类交易。

（3）电价形成机制与政策

按照市场规律科学理顺电价形成机制。首先，科学核定上网电价。依据工程竣工决算合理确定各类电站工程造价标准，按照“保本微利”原则确定发电上网基准价格。其次，核定输配电价。依据电网输配电资产和运维成本，按照“准许成本加合理收益”原则，核定各电压等级输配电价。最后，合理核定销售电价。结合西藏电力发展的实际情况合理制定各类型销售电价，逐步制定实施“丰枯电价”“居民阶梯电价”“峰谷电价”等，衔接国家发展改革委价格司和国家能源局相关司，争取西藏地热、光热、光伏储能、风电等新能源的电价支持政策，力争国家出台西藏太阳能等新能源发展的扶持电价政策。

（4）完善制度管理与监管

自治区党委、政府高度重视清洁能源产业发展，加强政府管理和有效监管。自治区能源局牵头建立深化电力体制改革领导小组，统筹推进全区电力体制改革工作，制定深化电力体制改革相关政策文件和重大改革举措，及时协调解决改革过程中的重大问题。各地市、各部门要围绕重点工作任务制定工作方案，确保各项改革任务落到实处。

第三章　西藏清洁能源产业发展

清洁能源产业的发展离不开清洁能源自身的发展，西藏水能及太阳能储量均居全国之首，是国家“西电东送”基地和清洁能源基地，大力开发利用西藏清洁能源，对落实国家能源发展战略，实现“双碳”目标，做大做强产业集群，实现绿色经济、绿色发展意义重大。

一、西藏发展清洁能源产业的必要性

能源是人类社会和经济发展的命脉。能源问题与国民经济发展、生态环境保护、社会稳定等一系列重大问题密切相关。传统能源储量的急剧下降和环境污染的加剧加速了能源革命的进程。清洁能源以其清洁、低碳、安全、高效、可再生等优点越来越受到世界各国的关注。随着能源利用技术的进步和环境压力的增大，太阳能、风能、水能等清洁能源正在逐步取代煤炭、天然气、石油等化石传统能源。西藏作为中国重要的生态保护区，更适合利用其类型多样、清洁能源储量丰富的优势，兼顾经济发展和生态保护，通过保护，在发展中保护，实现发展的可持续发展目标。这对我国调整能源结构、促进经济社会可持续发展、保护生态环境的战略目标具有重要意义。

（一）发展原因和动力

国际社会普遍考虑能源安全、能源供应多样化以减少温室气体排放、减少化石燃料造成的城市环境污染、替代核能、创造就业机会和发展中小企业以及扩大技术和设备出口是清洁能源积极发展的主要因素。西藏发展清洁能源的原因和动力如下。

1．实现可持续发展的需要

西藏平均海拔超过4000米，被称为“生命禁区”。恶劣的自然环境和传统能源的短缺，极大地制约该地区经济和社会的快速发展。由于该地区特殊的地理位置和气候环境，其生态系统相对脆弱。例如，以煤炭、石油等传统能源为基础的大规模开发，必然会对生态环境造成严重破坏。在大力发展中西部地区的战略部署下，西藏经济社会的快速发展必然会带来能源消耗的急剧增加。因此，兼顾经济发展和环境保护已成为西藏可持续发展的重要课题。西藏拥有丰富的可循环利用、不污染环境的清洁能源资源，必将取代化石能源成为能源供应的主要来源。同时，清洁能源的使用可以解决西藏无电、缺电地区以及特殊场所的用电、用能问题。节约常规能源、减少环境污染和生态破坏并实现低碳、环保、安全、高效等需求的经济发展，这对西藏经济的和谐可持续发展具有重要意义。

2．能源结构调整和优化的需要

（1）能源结构调整和优化

世界能源结构已由以煤为主的时代转变为石油天然气时代，油气和水电、核电等清洁能源在一次能源中的比例已达70%，截止到2020年，中国煤炭消费总量和在一次能源中占比将分别达到38.6亿吨和55.3%，超额实现“十三五”规划目标[①]。用清洁能源替代煤炭，继续降低煤炭在一次能源中的占比，是能源结构调整和优化的首要任务[②]。

（2）能源消费优化和可持续发展

西藏缺乏传统能源，但在太阳能、水能、风能、地热能等清洁能源方面具有独特优势。开发利用这些清洁能源，将为西藏的发展提供能源支

---

① 2020煤控大决战：煤炭消费总量38.6亿吨，在一次能源中占比55.3%[EB/OL]. 来源于华夏能源网.https://www.sohu.com/a/354460908_157504.

② 周凤起．中国可再生能源发展战略[J]. 石油化工技术经济，2005（04）:5-10.

撑。“十三五”时期，西藏积极响应国家的能源结构调整部署积极发展清洁能源和新能源，加快推进高寒高海拔城镇供暖项目建设。《西藏自治区“十三五”时期综合能源发展规划》中，对清洁能源中的水电、太阳能、风能、地热、可再生能源等11个专项规划，开展了藏东南水电能源基地规划研究，有序推动了绿色能源开发。充分利用大江大河上游水能资源、高原腹部地热资源，建设一批大、中型梯级水电站、大型地热电站，解决当地工业生产和居民生活所需能源。同时，加大开展风能、太阳能设备的研制力度，向边远地区和牧区群众提供生活能源，减少用柴草、牛粪等生物质能源的消耗量。除此，进一步发挥资源优势，加快能源基础设施建设，优化能源生产和消费结构，改善民生用能条件，深化体制机制改革。形成了以水电为主体、多种能源相互融合、相互关联、稳定、清洁、经济、可持续发展的综合能源体系。

3. 生态保护的需要

新能源和可再生能源最突出的优点之一就是清洁、与生态环境和谐，不排放或排放很少的气体或其他破坏生态环境的污染物。西藏在自然、生态和环境方面发挥着非常重要的作用。西藏始终坚持经济社会发展与生态环境协调发展的基本方针。由于西藏西北地区植被覆盖率低，生态环境脆弱，在能源开发建设中必须高度重视生态保护问题。

4. 解决农村用能及边远地区用电和生态建设的需要

西藏还有一些边境村庄，离电网较远，人口稀少、分散，交通十分不便。传统能源资源缺乏，但当地太阳能、风能、生物质能等新能源资源相当丰富。因此，主要途径是开发和利用当地优势的新能源如太阳能、风能和生物质能资源，解决这些地方的电力问题。而且振兴这些地方的农村，为国民经济的平衡、协调发展意义重大，更为重要的是对增强我国民族团结和政治稳定具有重要的现实意义。因地制宜地开发利用当地可再生能源，为人们提供电力和清洁能源，为促进区域经济发展和农牧民扶贫发挥了重要作用。

为改善这些地区的生态环境起到了切实的保障作用。

5. 满足地区及国家未来能源的需要

我国“十三五”发展规划明确将建设清洁、低碳、安全、高效的现代能源体系作为未来能源发展的方向。如果对清洁能源的开发利用不够，必然会导致能源行业的匮乏，进而影响经济社会的发展。因此，西藏应充分利用清洁能源优势，加快发展风能、太阳能、水能、地热能等可再生能源，配合国家能源产业的战略部署，协助区域和国家经济社会发展进行能源产业结构调整，满足区域和国家未来能源需求。

（二）西藏清洁能源产业发展的优势

西藏是重要的生态安全屏障、重要的战略资源储备基地及重要的“西电东送”基地。全区以水能为主的清洁能源资源丰富，优势得天独厚。据统计，西藏清洁能源储量超过 10 亿千瓦，其中：水能资源理论蕴藏量约 2.14 亿千瓦[①]；太阳能资源理论储量约 7 亿千瓦[②]；风能资源理论储量约 1.8 亿千瓦[③]。西藏地热资源储量近 3 亿千瓦，其中可用于发电的约 300 万千瓦[④]。目前西藏地热资源调查程度低，进一步调查后可能存在更大的资源开发空间。同时，地热发电可以和供暖、旅游、养殖深度结合。目前，西藏已建成羊八井地热电站、羊易地热电站等。

受经济发展和地理位置等多种因素的制约，西藏清洁能源资源丰富的优势还没有得到有效发挥。截至 2018 年底，全区已建和在建的水电、风电和光伏发电装机容量分别为 610 万千瓦，5.75 万千瓦和 138.7 万千瓦，分

---

①西藏自治区发展和改革委员会，水电水利规划设计总院，成都勘测设计研究院，等 . 西藏自治区水能资源复查成果 [R].2015.

②西藏自治区发展和改革委员会 . 西藏自治区“十三五”时期太阳能发展规划 [R].2015.

③西藏自治区发展和改革委员会 . 西藏自治区“十三五”时期风能发展规划 [R].2015.

④水能资源理论蕴藏量约 2.14 亿千瓦；太阳能资源理论储量约 7 亿千瓦；风能资源理论储量约 1.8 亿千瓦 [EB/OL]. 来源于中国能源报 .https://baijiahao.baidu.com/s?id=1709122324313767574&wfr=spider&for=pc，2021-08-26.

别占技术可开发量的 2.9%，0.2% 和 0.3%，开发潜力巨大。西藏水、风、光三种清洁能源资源概况及开发现状统计见表 1–1。

表 1–1 西藏清洁能源资源概况及开发利用现状统计

能源资源	资源储能（亿千瓦）	技术可开发量（亿千瓦）	已建和在建装机（万千瓦）	开发利用率(%)
水电	2.14	1.76	610	3.5
风电	1.8	0.3	5.8	0.2
光伏发电	7.0	3.2	100	0.3

西藏清洁能源最大优势是资源储量丰富、利用小时数高、土地资源广阔，可借助区外相关资源，弥补西藏清洁能源输送通道不足等问题，并通过水风光互补及地热发电和供暖、旅游同步开发等模式，推动西藏清洁能源产业高质量发展。

二、西藏发展清洁能源产业的意义

（一）落实国家能源发展战略提供基石

根据《中共西藏自治区委员会关于制定国民经济和社会发展“十四五”规划和二〇三五年远景目标的建议》提出，藏东清洁能源开发区加快完善流域规划布局，推动雅鲁藏布江、金沙江、澜沧江等流域水风光综合开发，建设国家重要的清洁能源基地。

1．提高能源综合供给能力

能源供给能力不断加强，加快雅鲁藏布江中游、金沙江上游水电开发，建成大鼓、苏瓦龙、叶巴滩等水电站。推进雅鲁藏布江下游、澜沧江上游藏区、那曲、玉曲等流域水电开发。提高西藏电网的骨干电网加强与西南电网互联互通，推进主电网延伸。

2. 推动能源结构优化升级

推动能源供给侧结构性改革，加快清洁能源规模化开发，形成以清洁能源为主、油气和其他新能源互补的综合能源体系。改善能源供应和消费结构，把发展清洁低碳与安全高效能源作为调整能源结构的主攻方向，推进电能替代、清洁能源电气化，促进清洁能源就地消纳。提升非化石能源消费比重，科学开发光伏、地热、风电、光热等新能源，加快推进“光伏＋储能”研究和试点，大力推动“水风光互补”，推动清洁能源开发利用和电气化走在全国前列，2025 年建成国家清洁可再生能源利用示范区①。

（二）服务西藏经济社会发展提供基础

发展清洁能源产业，有利于推进清洁能源电气化和电力外送通道的建设。根据《西藏能源中长期发展规划》明确西藏电力送出通道为：西藏电网与区外联网、藏电外送两个通道。

1. 西藏电网与区外联网

由于历史、地理等因素的制约，西藏电网的发展相对滞后。20 世纪 60 年代，单一的电站配网逐渐发展成为各城市小规模的区域电网。2000 年初形成了西藏中部、昌都、阿里三大地区电网，电压等级不断提升，由 6 千伏、35 千伏至 110 千伏。2011 年青藏交直流联网工程建成；2014 年，川藏联网工程建成投产；2018 年“藏中电网”工程建成投产；2020 年阿里与藏中电网联网建成投运，西藏中坝、萨嘎、吉隆、尼拉木县、普兰县、改则县、措勤县等 7 个县实现了并网通电，16 个沿线县 38 万农牧民实现了由“油灯”到“电灯”、由“通电”到“通好电”的转变。从青藏联网、川藏联网到藏中、昌都、阿里三个地区电网互联，西藏实现电网主网架电

① 西藏自治区国民经济和社会发展第十四个五年规划和二〇三五年远景目标纲要 [N]. 西藏日报（汉），2021-03-28（001）.

压等级的历史跨越，实现主电网7地（市）、74县（区）全区覆盖的统一现代化大电网。

2. 藏电外送

根据《西藏水电基地开发布局总体规划》，坚持就近用电布局的原则。首先，要送至中国西南地区（如四川、云南、重庆、贵州），其次，再送至中国中部四省，广东、广西等缺电地区。2021年国网西藏电力有限公司丰水期藏电外送工作中，年度计划外送电量为20亿千瓦时，较上年同比增长12.17%[①]。为促进清洁能源跨省跨区消纳，国网西藏电力充分发挥西藏能源优势，采取通过与内地省级电力公司的交流合作、推动电力市场交易、拓展电力外送通道和市场等措施，积极与国网北京、重庆电力等11家省级电力公司签订2021 ~ 2023年西藏清洁能源消纳框架协议，协议电量达61亿千瓦时[②]。

直流特高压输电。考虑到西藏水电开发、电网结构、输电距离等特殊因素，特高压输电是可行的。同时，结合西藏水电站的地理位置和出力特点，对电站（14个电站群）和外送通道进行划分和规划：

（1）金沙江流域。2条直流，通过川藏通道向川渝及华中四省送电。

（2）澜沧江流域。1条直流，通过川藏通道向川渝和华中四省送电，还可通过滇藏通道向云贵和两广送电。

（3）怒江流域。3条直流，上游1条直流，可通过川藏通道向川渝和华中四省送电，下游靠近云南电站2条直流，沿滇藏通道向云贵和两广送电。

（4）雅鲁藏布江流域。电站8组，汇集后通过8回直流送出，1 ~ 2回通过滇藏通道向云贵和两广送电，2 ~ 3回经川藏通道，4回经青藏通道

① 2021年国网西藏电力有限公司年度计划外送电量为20亿千瓦时[EB/OL]. 来源于国家电网报. https://power.in-en.com/html/power-2388697.shtml，2021-06-02.

② 协议电量达61亿千瓦时[EB/OL]. 来源于中国新闻网.https://baijiahao.baidu.com/s?id=1683862731666184353&wfr=spider&for=pc，2020-11-20.

向西北川渝和华中四省送电。

电网建设。2035 年西藏将建成强大、安全、可靠、灵活、智能、高效运行的现代化电网。不仅将支持清洁能源的大规模开发和分布，而且还将成为连接周边省份和周边国家的重要枢纽电网。在配电网建设中，已全面完成“三区三州”深度贫困地区建设任务，惠及涉藏州县 154 万户、近 750 万居民。除此，还全力推进边防部队通大网电和抵边村寨电网工程建设。截至 2020 年底，阿里与藏中电网联网工程建成投运，已累计外送电量 65 亿千瓦时[①]。

（三）建设国家生态安全屏障提供保障

西藏作为国家重要的生态安全屏障，保护好高原生态、守护好世界上最后一方净土，是以习近平同志为核心的党中央赋予西藏的神圣职责和历史使命[②]。始终坚持牢固树立生态立藏、环境优先理念，坚持发展非化石能源与清洁高效利用化石能源并举的理念。西藏地区的能源开发利用过程与经济的发展相适应，与自然环境的保护相协调。逐步降低煤炭消费比重，提高天然气和非化石能源消费比重，显著降低二氧化碳排放强度和污染物排放水平，优化能源生产布局和结构，坚持科学合理开发利用自然资源，在保护自然生态环境的同时推进生态文明建设。同时西藏按照屯兵和安民并举、固边和兴边并重的工作思路，全方位开展边境建设。根据国家电网公司部署，西藏第一批边防部队接入大型电网项目投资 5.2 亿元，涉及 129 个站点[③]，占项目总建设金额的近 80%。詹娘舍哨所与主电网的连接也标志着该地区第 129 支边防部队与主电网的连接任务的完成。作为国家安全屏障的第一道防线，为维

① 已累计外送电量 65 亿千瓦时 [EB/OL]. 来源拉萨市人民政府网 . http://www.lasa.gov.cn/lasa/zzqxx/202101/ed6556fbeebc4b70b24bcec2cefcfcb3.shtml，2021-01-14.

② 董晓冬 . 西藏清洁能源供暖发展浅析 [J]. 西藏科技，2020（02）:22-23+29.

③ 西藏第一批边防部队通大网电工程投资 5.2 亿元 [EB/OL]. 来源于中国日报网 .https://baijiahao.baidu.com/s?id=1611001329529177837&wfr=spider&for=pc，2018-09-08.

护国家安全、主权和领土完整提供了强有力的重要支撑和保障。

三、西藏清洁能源产业现状

西藏水能资源理论蕴藏量为2亿千瓦，约占全国的30%，居全国首位[①]，同时，太阳能资源是世界上最丰富的地区之一。20世纪80年代之后，在太阳能、风能、水电、地热能等方面的应用研究和示范推广方面取得了一定的成绩。此后，不断推动能源产业发展，构建水电为主、多能并举、互联互通的稳定、清洁、经济、可持续发展综合能源体系，现已形成以水电、光伏为主的清洁能源产业已初具规模。随着清洁能源的开发和利用，西藏电力事业也取得了瞩目的成就，2014年历史性实现电力供需平衡，2015年首次实现清洁电量外送，累计清洁电力外送电力21.8亿千瓦时。2018年全区电力装机达到309万千瓦，主电网覆盖62个县（区），解决和改善199万人用电问题[②]，其中水电装机176.9万千瓦，太阳能光伏电站装机87.39万千瓦。2019年电力总装机容量超333万千瓦，通过与14个省市签署藏电外送协议，全年外送电量8.7亿千瓦时[③]。2020年政府工作报告指出新增电力装机26.6万千瓦，发电量增长23.7%，外送电量增幅超过90%[④]。

（一）水能的开发利用现状

西藏水能资源理论储量约为2×108千瓦，理论年发电量17600亿千瓦时，其中可供开发利用的水能资源就有5.6×107千瓦，约占全国的

---

① 赵敏．西藏太阳能产业发展问题研究[D]．西藏民族大学，2016.

② 2018年全区电力装机达到309万千瓦[EB/OL]．来源于西藏自治区人民政府报告.http://www.xizang.gov.cn/xwzx_406/ztzl_416/cxzt/xzzzqrmzffzyjzx/zxdt/xzzzqrmzffzyjzx_398/201901/t20190117_51704.html，2018-06-07.

③ 全年外送电量8.7亿千瓦时[EB/OL]．来源于中国西藏网．http://www.tibet.cn/cn/index/news/201901/t20190112_6479151.html，2019-01-12.

④ 2020年政府工作报告指出新增电力装机26.6万千瓦[EB/OL]．来源于中国西藏新闻网．http://www.xzxw.com/zhuanti/202005/t20200522_3073457.html，2020-05-22.

17.1%，主要集中在雅鲁藏布江、金沙江、澜沧江、怒江等河流。其中，雅鲁藏布江是该地区最大的一条河流，平均年径流量居全国第四，水能蕴藏量居全国第三；雅鲁藏布江可开发的水能资源达 4851.3 万千瓦，占全自治区可开发水能的 80% 以上。

西藏电力供应一直以水电为主。20 世纪 80 年代，西藏启动一江两河电力规划，分别在年楚河、羊卓雍湖等建设了小有规模的水利水电工程（满拉 2 万千瓦，羊湖蓄能 10 万千瓦等），之后又先后在那曲、山南、昌都、拉萨和林芝等地市建设了查龙（1 万千瓦）、沃卡（2 万千瓦）、金河（6 万千瓦）、雪卡（4 万千瓦）、直孔（10 万千瓦）和老虎嘴（10 万千瓦）等规模在 1 到 10 万千瓦装机的水电站。2003 年以后，随着国家电力体制改革，国有电力企业陆续开展了西藏水电的开发研究工作，五大电力公司、三峡集团以及水电建设等国有企业在西藏已经实质性开展水电开发和研究工作，国家加大了对西藏水利水电发展的财政支持力度。目前，拉萨河的旁多水利枢纽（16 万千瓦）、雅鲁藏布江中游藏木水电站（51 万千瓦）、林芝尼洋河多布水电站（12 万千瓦），以及昌都扎曲河果多水电站（16 万千瓦）等都已进入投产发电期。据西藏统计年鉴数据看，西藏已于 2019 年实现主网水电装机近 171 万千瓦左右，电力总装机近 342 万千瓦，接近全国人均水平[①]。

（二）太阳能的开发利用现状

西藏位于西南高原地区。由于海拔高、空气干燥、大气清洁、纬度低的地理优势，该地区的太阳总辐射较大。西藏的太阳能资源居全国首位，也是世界上最丰富的太阳能资源之一。西藏高原太阳能年辐射量达到 6000 ～ 80000 兆焦每平方米，年日照天数多在 1500 ～ 3400 小时之间，直射比例大，年际变化小[②]。从地域分布情况上来看，太阳能辐射强度呈东南

---

① 陈东平 . 西藏水电发展与思考 [J]. 水力发电，2019，45（02）:25-28.

② 朱国平 . 西藏清洁能源开发利用的思考 [J]. 经济研究导刊，2019（05）:59-61+143.

向西北递增的特点，年平均日照百分率大。藏北、藏西的那曲市和阿里地区的太阳能资源储藏量极为丰富，阿里地区太阳能蓄能量最大，东南地区太阳能蓄能量最小，与水能在地理分布上形成互补优势。西藏太阳能的开发和应用不仅将提高西藏居民的生活质量，而且对保护脆弱的高原生态环境具有深远的意义。

近年来，西藏经济整体发展良好，在国家财政、税收和环保政策的支持下，西藏的太阳能产业和技术得到了快速发展。太阳能产品已广泛应用于人们的日常生活中，如照明、通讯、广播电视、取水、灌溉、生活热水、供暖等。从 1989 年至 2005 年，西藏已建成 400 座县、乡级光伏发电站。完成总装机容量超过 180 兆瓦的太阳能光伏发电项目，解决了主电网供电范围外的 60 多万人口的供电难题。“十三五”期间，已在西藏东部建设 1000 万千瓦太阳能配送基地。2019 年光伏发电总装机容量达到 1005 兆瓦，成为西藏电网第二大电源。

西藏已成为世界上太阳能开发利用面积最大、规模最大、效率最高的地区。此外，西藏独特的自然条件也为太阳能产业的发展提供了有利条件，促进了太阳能产业的经济发展，提高了西藏整体经济发展水平。

（三）风能的开发利用现状

风能作为西藏另一重要的清洁能源之一，开发利用风能已纳入重要的绿色能源发展规划。西藏风能年储藏量约为 930 × 108 千瓦时，居全国风能年储藏量第七位。据估计，西藏年风能储存量为 930 亿千瓦时，可折算成标准煤 3365 万吨每年。西藏的二个风带分别位于西藏北部那曲至阿里一带和喜马拉雅山谷的东端。两个风带的年平均风能量密度为 150 ~ 200 瓦每平方米，年平均风时间超过 3500 小时[①]。西藏风能资源东部地区较少，西部、

① 唐学军，陈晓霞 . 节能减排视域下的西藏低碳替代能源发展问题研究 [J]. 阿坝师范学院学报，2017，34（01）:47-52.

南部、北部较稳定蕴藏量大且开发利用价值高。风能资源蕴藏量最大的藏北地区，年均有效风能密度为每平方米200多瓦，藏北高原年均有效风速时数可达4000多小时。喜马拉雅山脉地区年均有效风能密度次之，每平方米约140瓦。

西藏能源研究示范中心积极开展风光互补方面的研究工作，“九五”期间，那曲地区纳色乡（现为扎仁镇）建成了4千瓦风光互补电站并投入运行；2002年西藏实施“送电到乡”工程，在那曲共建造10余座风光互补电站，其中，风力发电总装机容量近200千瓦。2011年那曲双湖风光互补供电系统建成，单台离网型风电机组达到10千瓦。2012年西藏国电建成全世界最高的风电场—那曲双湖高海拔试验风电场，建设安装了5台1.5兆瓦风电机组。该项目的成功建设打破了西藏高原无大型风电场的历史，对优化和调整西藏的能源比例，发展清洁、可靠和多能互补的综合能源体系具有重要的发展意义[①]。据国家能源局统计，到2020年3月底，西藏累计风电装机容量1万千瓦，累计发电量0.24亿千瓦时[②]。

（四）地热能的开发利用现状

西藏地热资源共700余处，主要分布在拉萨—尼木—羊八井—那曲—错纳湖一带，此外拉萨河、年楚河、雅鲁藏布江地区和藏北无人区也都散布着丰富的地热资源。近二分之一的地热能够被开发利用，地热地表水温可达80℃，地热发电潜能约100万千瓦。中高温地热资源在藏西、藏南和藏北地区分布较多，高温地热资源达到全国地热总量的五分之四。地热发电是西藏开发利用地热资源的主要方式，地热发电潜力约40多万千瓦。其中日喀则市地热能最多，拥有16万千瓦，阿里地区和山南市分别拥有9.2万千瓦和8万千瓦，那曲、拉萨和昌都市共有地热能8.15万千瓦。目前探

① 王俊乐，洛松泽仁 . 西藏风能资源及其开发情况浅析 [J]. 太阳能，2018（10）:15–17+71.

② 西藏累计风电装机容量1万千瓦 [EB/OL]. 来源于国家能源局 . http://www.nea.gov.cn/2020–07/31/c_139254298.htm，2020–07–31.

明储量的地热田有4个：阿里地区朗久地热田，发电能力3000千瓦，已装机2×1000千瓦（1台机发电）；那曲地区那曲地热田，发电能力5000千瓦，已装机1000千瓦；拉萨市羊易乡地热田，发电能力约30兆瓦，尚未开发利用。目前已探明储量并开发利用较好的是羊八井地热田浅层热储，装机（8×3000+1×1000）千瓦，是我国正在开发的最大湿蒸汽田。羊八井地热田分为浅层热储和北部深层热储，浅层热储勘探工作始于1975年，已探明热田面积14平方千米，评价发电能力为32兆瓦。

（五）生物质能的开发利用现状

西藏具有独特的地理环境与自然生态系统，有着十分丰富的森林生物质能包括高山寒带到热带各种类型的植被，几其雅鲁藏布江人峡谷地区仍保存许多濒危的植物和动物。根据2015年西藏首次森林资源全面调查，林地面积占1949.40万公顷，森林面积占1684.86万公顷，森林覆盖率占14.01%，活立木总蓄积量占209024万立方米，森林蓄积量占208581万立方米。但西藏地区森林分布极不均匀，森林主要集中在东部、东南部与喜马拉雅地区，中西部较少，西北部则为匮乏地区。由于燃料缺乏，长期以来藏北牧区气候寒冷，牧区97.1%的能源靠就地取材，主要是拾畜粪、砍灌木、铲草皮等。西藏农区林畜紧缺，人口集中，燃料短缺。而生活燃料是由牲畜粪便、木柴和作物秸秆组成的。对生物质能的过度依赖，给西藏的资源和环境造成了严重的干扰。

西藏利用生物质能（如牛粪、羊粪、猪粪、秸秆）等原材料大力推进沼气建设。2014年底，西藏农牧区已建成沼气池20万座，农牧区用户使用沼气达20万户。除使大约100万农牧民使用上沼气，有条件的地区还建设了养殖区用来集中供应沼气，像这种沼气工程有40处左右，年产气量可以达到7.7亿立方米（表1–2）。

西藏每年有农作物秸秆大约778万吨，麦秆、油菜秸秆、青稞秸秆、蔬菜等超过100万吨，牲畜粪便4044万吨（表1–3）。

表 1–2 2014 年西藏沼气情况统计表

沼气情况	拉萨市	日喀则市	山南地区	林芝地区	昌都市	那曲地区	阿里地区
农牧民总户数（户）	37783	75492	50831	18596	55160	8742	3396
建设沼气用户（户）	37783	52482	46878	18596	41500	1600	1161
沼气建设户占总户比重（%）	100	69.5	92.2	100	75.2	18.3	34.2

表 1–3 2014 年西藏农牧区生物质能原材料情况统计表

原料情况（单位）	农作物秸秆（万吨）	农牧产品加工废弃物（万吨）	牲畜粪便（万吨）
原料总量（万吨）	778	100	4044
所占比重（%）	15.8	2.03	82.2

（六）发展特点

西藏充分利用资源优势，加快能源基础设施建设，优化能源生产消费结构，改善民生用能条件，深化体制机制改革，已构建水电为主、多能并举、互联互通的稳定、清洁、经济、可持续发展综合能源体系。

1. 能源开发布局

坚持优化能源开发布局的原则。因地制宜、因能制宜，推动形成各有侧重、优势互补的区域能源发展格局。在藏中地区大力开发雅鲁藏布江中游、朋曲、易贡藏布等河流水能资源，推进太阳能、风能、地热能的开发利用。在藏东南地区着力打造“西电东送”基地，推进太阳能开发利用，实现电力规模外送。在藏西北地区重点开发太阳能、风能、地热能等清洁再生能源，提高民生用能和牧业发展能源保障能力。同时针对水能、太阳能、地热能、风能等清洁能源，有序开展能源普查工作，明确生态保护红线，统筹协调开发时序。

2. 能源保障能力

提升能源保障能力，完善能源生产供给体系。加快推进雅鲁藏布江中游等电源项目和藏中燃气电站建设，有序规划建设大型并网光伏、光热电站，同时鼓励发展分布式光伏发电系统，积极开发利用风能、地热能。主电网建设中，研究推进阿里电网与新疆电网联网。加快主电网延伸，实施农牧区电网延伸扩面工程，推进建设小康电示范县，进一步完善城镇配电网。大力推进藏输气、输油管线建设，完善油气运输和储备设施，提升一次能源保障能力。

3．能源结构

进一步优化能源结构。在能源结构调整上，以发展清洁低碳和安全高效能源为主，以改善能源供应和消费结构。坚持以发展水电为主，加大区外优质能源输入。同时大力推广太阳能、天然气利用，提高电力消费比重，控制煤炭、石油消费，加快城乡居民传统生物质能消费替代，清洁低碳能源消费比重超过 55%[①]。

4．电力体制改革

深化电力体制改革。首先，对接国家电力体制改革总体方向，加快建立“政企分开、厂网分离”的发供电现代企业管理体制。其次，持续推进农村电力管理体制改革，实现逐步由代管向直供直管的农电管理模式转变，建立和完善农牧区电力设施运行维护管理和电力普遍服务补偿机制。最后，充分发挥中央投资主渠道作用，完善能源保障补偿机制，引导社会资本投资能源设施建设与运营，研究设立推动西藏水电持续发展的基金。此外，规范和理顺电价形成机制，有序调整上网标杆电价，促进资源优化配路和电力行业健康有序发展[②]。

（七）发展成就

1．电源结构

电源结构已发展到以清洁能源为主导、以新能源为主体的阶段，具备

① 西藏自治区“十三五”时期国民经济和社会发展规划纲要 [N]. 西藏日报（汉），2016-04-24（001）

② 西藏自治区“十三五”时期国民经济和社会发展规划纲要 [N]. 西藏日报（汉），2016-04-24（001）

率先构建新型电力系统的条件。“十三五”期间，西藏新增装机 203 万千瓦，其中清洁能源装机新增 199 万千瓦（水电 79 万千瓦，光伏 120 万千瓦），光伏装机达到“十二五”末的 8 倍[①]。

截至 2020 年 11 月末，全区电力总装机容量达 401.85 万千瓦，其中清洁能源板块增长迅速，同期水电、风电、地热以及太阳能光伏发电装机容量达 358 万千瓦，清洁能源在发电装机

容量中的占比达 89.09%[②]。在建清洁能源装机 1000 万千瓦，累计外送电量 66 亿千瓦时。为国家实施“双碳”目标和构建新型电力系统提供了有力保障。

2. 电网建设

电网建设已发展为主网架电压为 500 千伏，为西藏清洁能源外送奠定基础，西藏电网实现跨越式发展。“十三五”时期西藏电网先后建成川藏、藏中和阿里电网联网工程，形成以 500 千伏电网为主网架，220 千伏电网为骨干，横贯东西覆盖七地市的互联互通统一电网，通过青藏直流与西北电网相连，通过川藏交流并入西南同步电网，联络水平逐步提升，为西藏清洁能源规模外送奠定初步基础。

四、西藏清洁能源产业存在的问题

（一）政府制度性管理水平有待提升

在政策规定上，国内政策对清洁能源产业重视程度不够，尽管制定了“十三五”发展目标及 2050 年的预期发展计划，但在具体发展方面对应情

---

① 2019 年光伏发电建设和运行情况 [EB/OL]. 来源于国家能源局 .
http://www.nea.gov.cn/2020-02/28/c_138827923.htm，2020-02-28.

② 全区电力总装机容量达 401.85 万千瓦 [EB/OL]. 来源于新华社新媒体 .
https://baijiahao.baidu.com/s?id=1686782732660146320&wfr=spider&for=pc， 2020-12-22.

节能源各个品类的发展调控上，仍缺乏现实的可操作性。《节约能源法》《电力法》和《能源法》等对基本领域制定了专项的法律法规，《可再生能源法》为清洁能源建设的制度标准、技术规程设立了参考体系。虽然为清洁能源在现代生产中奠定了法律基础，但在具体执行中，行政权力缺乏对组织的监督以及在法律层面实施具体操作程序上缺乏财政支持体系，导致整体社会服务和清洁能源法律体系建设明显缺乏配套体系，进而影响清洁能源产业的良性发展。

（二）产业化程度低

西藏清洁能源产业的市场体系还不健全，其市场化运营缺乏管理单位和企业内部组织机构有效保证。仍是政府订单为主的单一营销模式，导致在市场化竞争的过程中缺乏有效的市场营销途径策略。同时，在能源利用方式与技术发展的科学性相对较低的情况下，规模化生产不能得以实现，极大制约了西藏清洁能源产业链发展。

（三）产业发展不平衡

西藏清洁能源主要包括太阳能、生物质能、地热能、水能、风能等。大多数清洁能源企业的规模小、技术水平低、管理能力差、市场竞争能力不强、市场生存能力弱。相关清洁能源产品制造业发展很快，但是开发利用技术研发企业发展极为滞后，造成了相关技术严重阻碍了清洁能源产业的发展。另外，西藏清洁能源中的太阳能、水能发展很快，风能、生物质能发展相对落后，导致尚未建立大型多种清洁能源互补利用的示范基地，清洁能源相关产业发展不平衡。大多数企业都存在技术研发能力低的共性问题，尽管沼气、太阳能、水能的开发利用技术较为成熟，具有较好的经济性，存在广阔的需求市场，但是在产业发展道路上缺乏相关的战略指导，没有引起社会各界的高度重视。

（四）受技术和经济性的制约

西藏水电与太阳能热水器技术相对成熟，但太阳能、风能、地热能依旧在规模化发展的初步阶段。相比较于之前，技术进步显著，清洁能源产业实力有所提升，但太阳能、风能和地热能等清洁能源的开发利用成本仍是一笔可观的支出。西藏的财政支出中每年能够支持清洁能源研发的经费很少，加上资源分布不足、出力不平稳、经济性差等特点，导致清洁能源产业在现有市场条件下缺乏竞争力。因此，为促进产业快速健康发展，需进一步提高技术水平。

五、西藏清洁能源产业发展对策

（一）提供制度与政策保障

清洁能源的发展涉及大量的专业，离不开各个行业的支持，因此，需要针对清洁能源的发展提供政策与制度支持。虽然我国已经针对清洁能源的发展制定了一系列的法律法规，西藏也大力支持清洁能源产业的发展，但是却缺乏必备的质量监督认证体系、政策规范与技术标准。首先要制定相关的扶持性政策，大力支持和鼓励清洁能源的开发和利用，不断扩大清洁能源在能源结构中的比例，同时扩大清洁能源的应用领域。其次，要根据清洁能源发展的情况，适时制定一些行政性的规定，不同的地区要根据本地区的实际情况，制定符合本地区清洁能源发展的相关地方性规定。加快发展清洁能源产业，坚持水光风热互补、源网荷储一体，全力构建清洁能源“一基地、两示范”发展新格局。基本建成金沙江上游、雅鲁藏布江中游水光互补电站群，全面开工澜沧江上游、藏东南等清洁能源项目，加快电力外送通道建设，着力建设国家清洁能源基地，打造新型电力系统示范区、清洁可再生能源利用示范区。

（二）国企助力引领行业

国有企业有更广阔的视野，不仅考虑一个集团或公司的能源行业的发展，而且还从更全面、更长远的角度考虑整个地区、整个行业甚至世界的政治、经济发展趋势。作为国家的主要投资者，在国家战略思维方面具有无可比拟的优势。国有企业可加大西藏清洁能源开发利用的投资用于发展清洁能源协调应用技术，打破目前行业内小规模开发、无长远目光的格局，形成使行业健康、高效、持久的发展机制，最终实现互利共赢。

（三）树立正确的能源思想

关于清洁能源，很多人都没有明确的认识，存在两种极端的思想，要发展清洁能源，必须首先树立起正确的能源观念，解决人们的思想问题。清洁能源是一项新型事物，政府必须要做好宣传工作，改变人们对清洁能源的错误认知。同时，还要加强对相关从业人员的培训，他们直接关系着清洁能源的发展。而各地区政府特别是少数民族多的地方政府，也要为清洁能源的发展提供必备的资金支持，引导人才与资金的正确流向，提升清洁能源开发的技术水平，为清洁能源的普及提供一个良好的环境。

（四）开发新型利用技术

清洁能源的开发与利用离不开技术的支持，如果技术问题得不到解决，不仅会受制于人，还会影响到能源的安全性，虽然西藏的经济得到了迅速的发展，但是清洁能源产业与国内其他地区还存在较大的差异，如果技术装备跟不上清洁能源的发展脚步，将会严重影响清洁能源的推广。为了解决这一问题，必须要加强对相关技术的投资力度，政府不仅要重视资金投入，还要引导正确的资金流向，为新技术的应用提供资金支持。

第二篇　行业篇

第四章　西藏水能资源产业发展

西藏蕴含着大量的水能资源，开发水能资源的主要途径是水电站建设，最重要的是处理好水电开发与生态环境保护之间的关系。本章以水电开发为主，以水电站作为西藏水能资源产业代表，从西藏水能资源简介出发，分三个阶段阐述了水能资源产业的发展沿革，描述了水能资源产业的发展现状，提出西藏水能资源产业发展存在的问题，并给出了发展对策。

一、西藏水能资源简介

（一）水能资源概况

1. 水能资源

西藏是中国重要的河流来源，被誉为“亚洲水塔”。西藏水能资源主要集中分布在藏南和藏东。即雅鲁藏布江、怒江、澜沧江和金沙江干流。其中，雅鲁藏布江流域干流水能最丰富，理论蕴藏量近 8000 万千瓦，而雅鲁藏布江下游大拐弯地区更堪称世界水能富集之最[①]。

2. 河流水系

西藏湖泊众多、河流水系发达，全区多年平均水资源总量 4394 亿立方米，约占全国河川径流量的 16.5%，居各省、市、自治区首位。西藏年均水模数低于云南、贵州、四川等南方省、市及自治区，远高于北京、天津、

① 陈东平 . 西藏水电发展与思考 [J]. 水力发电，2019，45（02）:25-28.

河北等北方省、市及自治区。西藏以拉萨为中心，按区域可分为藏北、藏西、藏南、藏东等四个地区。藏北流域面积占自治区总面积的48.76%，年总径流量仅占西藏总径流量的6.03%；藏西河流流域面积占西藏总面积的4.4%，年径流总量仅占0.47%；藏南河流流域面积占西藏总面积的10.75%，年总径流量占36.92%；藏东三江流域面积占西藏总面积的13.72%，年径流总量占16.45%。从以上数据可以看出，藏北、藏西地区的面积占西藏总面积的53.37%，而总径流仅占6.5%；藏南、藏东地区占西藏总面积的46.83%，但集中了西藏总径流的93.5%。究其原因，藏南、藏东地区径流量在西藏总径流占比之高得益于雅鲁藏布江。

雅鲁藏布江是西藏最大的河流，又是世界上海拔最高的大河，其流域占西藏总面积的20.02%，年总径流量占38.9%，其干流和它的五大支流的天然水能蕴藏量近1亿千瓦，居全国第二位。按支流大小依次为拉萨河、帕隆藏布、多雄藏布、尼洋曲、年楚河。除雅鲁藏布江外，藏东地区还有金沙江、怒江及澜沧江等流域。金沙江位于西藏的最东部，是西藏与四川省的界河，是长江的上游，流域面积19.3万平方公里。怒江流经西藏的东部，流域面积13.7万平方公里，居西藏河流第二位。澜沧江流经西藏的东部，流域面积16.8万平方公里，居西藏河流的第三位。

3. 水电资源

根据全国水电资源审查结果，西藏水电资源理论储量为17.64亿千瓦，技术可开发量为1.1亿千瓦，年发电量为5760亿千瓦时。技术可开发大型水电站，装机容量9710万千瓦，年发电量5080亿千瓦时（占88%）；中型水电站装机容量1172万千瓦，年发电量620亿千瓦时（占11%）；小型水电站装机容量118万千瓦，年发电量60亿千瓦时（占1%）[①]。各区域技

① 李菊根，晏志勇．开发西藏水电实施藏电外送的初步设想——谨以此文祝贺西藏自治区成立40周年[J]. 水力发电，2005（08）:1-6+26.

术可开发容量，按从大到小排列分别为藏南的7300万千瓦、藏东的2900万千瓦、藏北的660万千瓦和藏西的140万千瓦，分别占全西藏技术可开发量的66%、27%、6%和1%。西藏水能可开发流域，以雅鲁藏布江、怒江、澜沧江、金沙江最为丰富，其技术可开发量分别占西藏的61.7%、12.9%、5.8%、4.3%，占西藏水能技术可开发量的84.7%[①]。其中，各江的干流在西藏水电站中的技术可开发容量分别为雅鲁藏布江干流5650万千瓦、怒江干流1420万千瓦、澜沧江干流640万千瓦、金沙江干流470万千瓦。综上所述，西藏水电资源丰富且集中，雅鲁藏布江、怒江、澜沧江、金沙江等干流水电站可开发容量多为百万千瓦以上，个别达千万千瓦级别，是全国乃至世界少有的水电资源"富矿"[②]。

（二）水能资源主要特点

1. 水能资源区域分布不均匀

西藏水能资源丰富，理论储量达2亿多千瓦，区域分布不均匀，主要集中在藏东南地区，尤以雅鲁藏布江的水能资源最为丰富，雅鲁藏布江、金沙江、澜沧江、怒江的水能资源技术可开发量占西藏水能技术可开发量的84.7%，藏北和藏西地域广阔，水能资源分布稀少。

2. 水能资源季节分配不均匀

西藏的水能资源季节分配不均匀，年际变化小。西藏降水量最多的月份多为6 ~ 9月，该时期降水丰沛气温较高，水热同期，致使夏季的融水补给量最大。因此，在多雨季与冰雪融化的协同作用下，夏季的河流水能资源丰富，秋冬季节雨水较少，没有融雪补给，水能资源较为贫乏，季节不均匀性较为明显。

---

① 刘同德．青藏高原区域可持续发展研究[D]. 天津大学，2009.

② 钱玉杰．我国水电的地理分布及开发利用研究[D]. 兰州大学，2013.

二、西藏水能资源产业发展沿革

水电站作为西藏水能资源产业的代表，在发展过程中经历了开始发展阶段、中期发展阶段，高速发展阶段等三个时期。在开始发展阶段，西藏的水电开发以小型电站建设为主，为一些偏远无电地区带来光明，通过“一江两河”工程发展水利工程建设，提高农牧区灌溉范围，为农牧民带来便利。

西藏水能资源产业在“十一五”期间进入中期发展阶段。该阶段西藏为缓解支撑电源不足等问题，继续加大对水能资源开发利用投资，加快水电站建设，继续扩大农村水电站建设范围，架设输电线路，使更多偏远地区农牧民切实体会到水电资源发展带来的便利。

西藏水能资源产业在“十二五”期间进入高速发展阶段。该阶段西藏的电压等级，随着西藏用电负荷的提高，大型水电站的建设，实现了从高压到超高压的跨越。实施“两江四河”工程绿化造林，实现了发展和生态保护的有机结合。在该阶段，西藏通过持续建设水电工程，极大地提高了水能资源的调控能力，提升了西藏整体经济实力，促进了社会和谐、人民幸福安康。同时在发展中融入了保护生态、实施可持续发展理念，为着力创建国家固边兴边富民行动示范区提供了有力基石。

（一）西藏水能资源产业开始发展阶段

1. 水电开发方面

（1）西藏水电站建设

西藏对水能资源的开发利用较早，1927 年西藏第一座水电站，夺底水电站投运，拉开西藏水电开发的序幕。1956 年，西藏多地水电站建成投产，开启西藏水电发展史。1959 年建成纳金水电站，装机容量为 7500 千瓦；70 年代建成 606 水电站，装机容量为 3750 千瓦；1979 年建成献多水电站，装机容量为2600千瓦[①]；1991年建成江孜强旺水电站，电站装机容量为3200千瓦[②]。这些水电站的建成对西藏的农业、牧业和民族手工业的发展起着重要的作用，促进旅游事业的发展，对解决当地人民生活能源起到良好的作用。1998年山南沃卡三级水电站建成发电，装机容量6000千瓦[③]，该工程不仅缓解了山南地区工农业用电、人民生活用电紧张的状况，而且为沃卡一级电站的建设提供动力保障。改造后的沃卡三级电站，年发电量由原来的3000万千瓦时提高到3800万千瓦时，对促进山南地区经济发展和人民生活水平的提高起到促进作用。2004年9月西藏金河水电站建成投产，金河水电站是西藏自治区"十五"重点能源建设项目，也是西藏实施西部大开发的标志性工程，电站装机容量6万千瓦，年发电量36700万千瓦时，年利用小时数6120小时，投产后电站以两回110千伏出线向昌都送电，另以两回35千伏出线分别向邦达机场和邻近的察雅县送电，该电站的建设运行结束了昌都电网严重缺电的历史，并为昌都地区经济社会的发展和改善群众物质文化生活提供有力的能源支持。

（2）实施西藏农村小型水电建设工程

西藏农村小型水电站建设最早在20世纪60、70年代，从以"小型为主、社队自办、民办公助、遍地开花"的发展阶段到以"无电县建设、农村电气化、农网改造"的发展阶段。小型水电站在西藏有着百余年的建设历史，小水电建设成本小、绿色环保，在西藏能源结构中互补作用明显，是西藏稳定持续发展的重要保障，且可有效利用水能资源。"十五"期间，实施了边境光亮村镇工程、村通电工程和小水电置换工程。截至2000年底，西

① 南瑞自控公司签约西藏纳金水电站及梯级电站集控中心监控系统[J].水电自动化与大坝监测，2006（05）:80.

② 莫茂元.西藏江孜强旺水电站简介[J].水电站设计，1992（02）:17.

③ 尼玛旦增，普片，德吉卓嘎.西藏水能资源开发的任务和存在的问题及其对策分析[J].西藏科技，2012（02）:32-35.

藏总装机容量36.1万千瓦，其中水电站450座，装机容量3.0279万千瓦，占全区总装机容量的83.9%，火电装机容量3万千瓦，占全区总装机容量的88.31%，地热电站、光伏电站及其它电站装机容2.821万千瓦，占全区总装机容量的78.1%。

（3）实施抽水蓄能工程

西藏湖泊河流众多，据不完全统计，流域面积大于1万平方千米的河流有20多条，面积大于1平方千米的湖泊有612个，具有开发抽水蓄能电站的自然优势[①]。羊卓雍湖抽水蓄能电站，距拉萨市80千米，总装机容量约11万千瓦，该电站利用羊卓雍湖与雅鲁藏布江之间840余米的天然落差，建设抽水蓄能电站，该电站自1997年第一台机组投入运行以来，在藏中电网的削峰填谷、调相、调频、事故备用和负荷备用等方面做出了重大贡献，成为电网的骨干电站。

2. 水能资源开发利用的其他方面

（1）饮水安全工程

为了让广大农牧民群众喝上干净卫生的饮用水，“十五”时期实施了农村人畜饮水解困工程，解决了68万群众吃水问题。

（2）“一江两河”工程

1991年初，西藏自治区“一江两河”开发建设委员会成立。经国务院批准的雅鲁藏布江、年楚河、拉萨河综合开发建设工程开工，这是西藏当时规模最大、投资最多、历时最长的浩大工程。“九五”期间，“一江两河”综合开发建设共计安排执行项目220多个，主要建设干渠36条，总长811公里；建设水库12座，蓄水量4.6亿立方米；建设提灌站6座、防洪工程4处、人畜饮水工程3处，实现灌溉农田7万公顷、林草地2.4万公顷[②]；建成江

① 李朝霞，蒋晓艳．从羊湖电站看西藏抽水蓄能电站的发展前景[J]. 水电站设计，2002（04）:106-107.

②“一江两河”工程的提出[EB/OL]. 来源于中国西藏网．

http://www.tibet.cn/cn/rediscovery/201803/t20180319_5561556.html，2018-3-19.

党灌区、楚松水库、琼果水库等一批水源工程，大大改善了农牧业生产条件。“十五”期间，先后建设了江北灌区、彭波灌区、拉罗水利工程和配套灌区工程，解决了曲梅等重点干旱区的灌溉问题，实现了76个灌区面积超过万亩，控制了拉萨河、年楚河、雅砻河流域这三个西藏粮食主产区的灌溉用水，建成了旁多水利工程和江雄、阿多等重点水源工程。通过灌区与水利工程的建设，初步形成了农田连片灌溉用水保障体系。

（二）西藏水能资源产业中期发展阶段

西藏的水电建设经过前期的发展，已经初步形成规模，“十一五”期间，开工建设了老虎嘴水电站，建设完成了雪卡水电站、直孔水电站。水电站的建设完成，缓解部分地区电源支撑不足的问题，提高了农牧民的生活质量，标志着西藏的水能资源产业进入中期发展阶段。

1. 水电站建设

老虎嘴水电站工程是西藏自治区“十一五”电力发展规划的重点建设项目之一，是缓解藏中电网缺电的骨干电源，总容量为10.2万千瓦，总库容为9560万立方米，年均发电量4.955亿千瓦时。老虎嘴水电站工程是缓解藏中电网缺电的骨干电源，建成后每天以250万千瓦到260万千瓦电能送往拉萨，对缓解西藏中部电网电力供需矛盾，促进经济社会发展，保护生态环境和改善人民生产生活条件都将发挥十分重要的作用。

西藏雪卡水电站是西藏“十一五”重点能源工程项目，总装机容量4万千瓦，年发电量为1.82亿千瓦时。该电站的建成将极大的缓解西藏林芝地区电力供应紧张局面，同时也为下游老虎嘴电站的建设提供电力保障，为林芝地区经济社会发展提供强有力的能源支撑，对促进区域经济又好又快发展、改善农牧民生产生活条件具有十分重要的意义。

2007年建设完成了直孔水电站，装机容量为10万千瓦，是西藏“十五”期间开工建设的重点工程之一，年均发电量4.11万千瓦时，年利用小时数4070小时，其主要任务是发电，同时兼有灌溉及下游防洪等综合效益。

2. 饮用水安全工程建设

“十一五”时期实施农村饮水安全工程，进一步解决群众的饮水问题[①]。

（三）西藏水能资源产业高速发展阶段

藏木水电站实现了西藏电力由10万千瓦级到50万千瓦级的突破，西藏发电装机容量从2010年的97.4万千瓦增加至2015年的229.4万千瓦，“十二五”期间增加132万千瓦，2015年底西藏发电量达到42.2亿千瓦时，年均增长11.7%，西藏水能资源产业发展进入高速发展期。

1. 水电站建设

（1）大型水电站建设

为了缓解波密地区的用电压力，在波得藏布中下游河段建设了波堆水电站，电站装机9600千瓦，年均发电量6714万千瓦时。2012年开工建设，2014年6月底首台机组发电，2014年7月底三台机组全部发电。工程建设极大地提高了当地农牧民的收入水平，解决了部分当地青年的就业问题。波堆水电站是西藏“十二五”期间无电地区电力建设重点项目，建成投产后，成为波密县局域网骨干电源点，促进林芝地方经济建设、地区社会稳定和发展起到极大的推动作用。

2013年4月在藏东南察隅县境内开工建设了波罗水电站，该电站是金沙江上游梯级规划的一个大型水电站，为径流引水式水电站，总装机容量8000千瓦，年发电量达2.3亿千瓦时，2016年3月波罗水电站成功并网送电至县城，结束了当地只有10千伏供电网络的历史，有效缓解经常拉闸限电的困境，广大农牧民群众的生产以及生活用电得到了有效保障。

藏木水电站是我国在雅鲁藏布江干流上建设的第一座大型水电站，2014年11月首台机组投产发电。电站位于海拔3300米以上的雅鲁藏布江中游、山南市加查县境内，最大坝高116米，6台机组总装机容量51万千瓦，

---

① 张思雨. 美丽乡村建设背景下农村人居环境综合治理研究[D]. 西华大学，2020.

使西藏电力实现了由高压到超高压的历史性跨越。标志着我国对雅鲁藏布江干流巨大水能资源开发利用的迈入实质性阶段，有着巨大的战略意义。

（2）实施西藏农村小型水电建设工程

2014 年西藏共建大小水电站 500 多座，总装机约 1000 兆瓦；水库 600 多座，可满足全区约 80% 的人口用电，90% 以上的农田得到有效灌溉。“十二五”期间，在农村小水电建设方面，新建水电站 34 座，总装机容量为 80.5 兆瓦；新建 110 千伏变电站 3 座，输电线路长度 201 千米；新建 35 千伏变电站 67 座，输电线路长度 2361 千米；新增 10 千伏变压器 3278 台、新增 10 千伏及以下输电线路长度 10630 千米[①]。西藏小型水电站正在迅速发展，装机容量在几兆瓦到几十兆瓦，主要用于当地居民的生活用电。小型水电站根据当地水力特性进行建设，有效利用分配不均的水力资源，解决当地人民的生活用电问题。发展小型水电站可以很好地缓解“一江两河”流域居民生活用电，是西藏清洁能源开发利用的方式之一。

2. 饮用水安全工程的“户户通”工程

“十二五”时期实施“户户通”工程，将自来水直接接到群众家里。西藏共建成饮水安全工程 17500 余处，200 多万农牧民群众、在校师生和近 4 万名僧尼饮水问题得到解决。饮水安全工程被广大群众誉为“民心工程、德政工程”。

三、西藏水能资源产业发展现状

通过水电站的建设，水利工程的发展，西藏水能资源产业形成了前所未有的新局面。对水电项目前期工作积极推进，重大项目有序建设，“西

① 西藏 2013-2015 年将新建 34 座水电站 [EB/OL]. 来源于中国西藏新闻网 . https://news.bjx.com.cn/html/20121210/406890.shtml，2012-12-10.

电东送”能源基地取得重大突破；形成水生态文明建设扎实推进、水利基础设施较为完备、水资源保护责任严格落实的新格局。为西藏“十四五”时期的水能资源产业发展打下了坚实的基础。

（一）水电建设的发展现状

西藏是我国生态安全屏障、战略资源储备基地。坚持生态优先、统筹规划、合理开发的原则对水电进行开发。截至“十二五”末，西藏水电装机容量迅速增加，有效提高了电网的发电能力及供电可靠性。在“十二五”的水电规划项目中，已投产、在建项目约占规划实施项目的80%，累计完成投资141.45亿元，基本完成规划的主要任务。

1. 水电项目前期工作积极推进

全面完成了金沙江上游、澜沧江上游、雅鲁藏布江中游水电规划及审批，开展了雅鲁藏布江下游、怒江上游、帕隆藏布、朋曲、察隅曲等河流水电规划工作。开展预可行性研究、可行性研究的水电项目30多个，前期工作总规模达到2800万千瓦。其中，雅鲁藏布江中游加查已投产发电，实现雅鲁藏布江中游大古，金沙江上游苏洼龙水电站投产运营；雅鲁藏布江中游，金沙江上游，澜沧江上游以及怒江流域有序开展可研设计工作。

2. 重大项目有序建设

为建设“西电东送”能源基地，西藏规划建设多个水电站作为基地能源点，主要包括果多水电站、苏洼龙水电站、拉哇水电站。

2016年果多水电站4台机组全部投产发电，总装机容量16.5万千瓦，年发电量8.319亿千瓦时，为西藏仅次于藏木电站的第二大水电站。该电站的建成将有效缓解西藏昌都市生产生活用电短缺困难，进一步改善藏东电力不足的现状，为国家“西电东送”能源基地建设奠定基础。

西藏境内第一个装机容量超百万千瓦规模的大型水电工程—苏洼龙水电站，2016年4月开工建设，同年7月，该电站110千伏施工变电站安装工程完工，并一次送电成功。其装机容量120万千瓦，年平均发电量54.32

亿千瓦时，装机年利用小时数为4524小时。苏洼龙水电站是“十三五”中央支持西藏经济社会发展重大项目，是西南水电开发国家重点工程，是国家“西电东送”能源基地的先导工程，是西藏境内第一个装机容量超百万千瓦规模的大型水电工程，预计2022年4月底投运[①]。

位于西藏和四川交界的金沙江上游川藏河段的拉哇水电站工程于2017年3月，正式开建。2021年11月，金沙江拉哇水电站成功实现大江截流，标志着金沙江上游清洁能源基地建设又向前迈出了一大步，拉哇水电站是“十二五”和“十三五”中央支持甘孜州经济社会发展的重大项目，也是是中央支持西藏经济社会发展的重大项目，是国家“西电东送”基地和西南水电基地建设的重大工程，对助力西藏昌都市和四川甘孜州的发展具有重要意义。

总装机容量224万千瓦的叶巴滩水电站在2017年6月正式开工，年平均发电量102.05亿千瓦时，以发电为主，兼有防洪、环境保护、水土保持和旅游开发等综合效益，每年可节约燃煤399万吨、减少二氧化碳排放737万吨。对改善能源结构、促进节能减排，推动西藏社会、经济发展具有重要意义。

建成老虎嘴电站、藏木电站等一批重大项目，西藏的水电装机容量增加100万千瓦，占全区发电装机容量增加值的75%以上，增长率为167%。多布、加查、大古等水电站实现按期开工，有序建设。

3. “西电东送”能源基地建设取得重大突破

“西电东送”能源基地建设取得重大突破，首先是外送电源点工作取得突破性进展，国家批复同意金沙江部分水电站的建设，苏洼龙水电站是国家“西电东送”能源基地和国家西南水电基地建设的重点工程，电站建

① 苏洼龙水电站500千伏送出工程成功穿越保护区预计4月底投运[EB/OL].来源于中国新闻网.https://t.ynet.cn/baijia/32392884.html，2022-03-15.

成运行后，每年将替代火电发电量53.98亿千瓦时，相当于每年节约标煤181.3万吨，减少二氧化碳、二氧化硫、一氧化碳等大气污染物排放，水电站建成运行还将带动当地交通、电力等基础设施建设，增加就业机会，推动经济社会高质量发展；其次是外送电网项目取得实质性进展，青藏联网工程和川藏联网工程建成投产，为西藏的水电外送打通了输送通道。

4．实施西藏农村小型水电建设工程

2017年新增和改善农村水电装机容量2.7万千瓦，县乡用电普及率达到100%。截至“十二五”末，已投资超过80亿元，建成小水电站385座，装机总容量达23.5万千瓦，年发电量达3亿千瓦时，建成不同级别输电线路1.5万公里，解决了80多万农牧民群众用电问题。供电范围最大时期解决了全区52个县、322个乡镇、1753个行政村、2885个自然村、15万户近80万人的用电问题，农村水电站是实现西藏偏远地区电力供应的主要途径。水电的不断发展彻底改变了农牧民群众生产生活方式，极大地推动了社会文明进步[①]。

（二）水能资源在其他方面的发展现状

1．水生态文明建设扎实推进

对水生态文明不断建设，水环境保护成效显著。通过“两江四河”流域造林工程，统筹发展和保护防治，实行最严格的水资源管理制度，大力倡导水生态文明，推进建设美丽西藏。截至2019年，累计投入水土流失治理资金11.8亿元，新增水土流失治理面积940.51平方公里，估测减少土壤流失量646.61万吨[②]。《西藏自治区水利改革发展“十三五规划”》报告提出要加强水土保持生态建设。加快实施重要江河源头区、重要水源地和水蚀风蚀交错区等水土流失重点预防项目。推进小流域综合治理、水土保

① 西藏自治区成立50年来水利发展纪实：潮涌江河涛拍岸 雪域高原铸丰碑[EB/OL]. 来源于中国共产党新闻网 .http://cpc.people.com.cn/n/2015/0825/c397848-27514355.html，2015-8-25.

② 去年西藏治理水土流失940平方公里[EB/OL]. 来源于中国西藏网 .
http://www.tibet.cn/cn/ecology/202003/t20200311_6752346.html，2020-3-11.

持生态修复和生态清洁小流域建设等水土流失重点治理工程。重点加强雅鲁藏布江中下游及藏东“三江”河谷地区，以及山洪灾害易发地区的水土流失综合治理。

日喀则市南木林县境内—湘河水利枢纽及配套灌区工程，工程任务以灌溉、供水为主，兼顾发电和防洪，水库总库容为 1.15 亿立方米；配套灌区设计灌溉面积为 26.44 万亩，年灌溉供水量 1.22 亿立方米；电站装机容量 4 万千瓦，县城、6 个乡（镇）以及工业年供水总量 802 万立方米。工程建成后可为灌区和县城提供可靠的水源，还可为藏中电网提供一定的电量，并可提高下游城镇的防洪标准，同时对减少水土流失，改善区域生态环境和农牧民的生产、生活条件，促进民族团结和社会安定具有重要意义。县城以上集中式饮用水水源地水质达标率 100%。重要江河湖泊水功能区主要水质达标率达到 95% 以上[①]。重要水功能区和省界断面水质水量监测体系不断完善。主要水源涵养区、江河源头区、湿地保护区等生态功能区及河湖的水生态环境保护能力得到显著增强。

2．水利基础设施较为完备

认真贯彻习近平总书记重要讲话精神，坚持流域综合规划优先，促进水资源节约集约利用。大力推进 90 个流域综合规划编制审批，批准 50 多个流域综合规划。国家重大水利工程之一的西藏拉罗水利工程及其配套灌区正式开闸蓄水，湘河水利工程及其配套灌区顺利按期截流。雅砻、恰央等水库全面建成，卓于、扎仓嘎水库主体工程完工，帕占、弄利措等水库开工建设。根据《拉萨市城市发展总体规划（2009 ~ 2020）》，定位拉萨中心城区“东延西扩南跨、一城两岸三区”的空间结构，规划拉萨主城区范围沿拉萨河、堆龙曲不断拓展。《西藏自治区水利改革发展“十三五规划”》

① 最美那一江水 [EB/OL]. 来源于中国西藏新闻网 .http://epaper.chinatibetnews.com/xzrb/202009/26/node_02.html，2018-5-29.

报告提出要加强边境地区水利建设。

通过小水源、小水电、小灌区、小流域治理和小村镇防洪工程等“边境五小”水利工程建设，解决21个边境县农牧民群众吃水、用电、灌溉等问题，改善生产生活条件，提高基本公共服务水平。西部阿里地区的札达等半农半牧县，重点解决防洪安保和生态保护等问题，因地制宜解决灌溉和安全饮水问题；中部日喀则市的定日等县的保护区，重点解决生态保护和农田灌溉问题；山南市的洛扎等农牧业县，重点解决灌溉问题。

3. 水资源保护责任严格落实

全面实施最严格的水资源管理制度，加强对水资源管理和节约用水的监督检查，严格落实自治区全面推行河长制领导小组和区级河长湖长会议，发布《关于进一步加强河长湖长履职工作的实施意见》《西藏自治区江河湖泊管理监督检查制度》和《西藏自治区江河湖泊规划建设项目报告制度》出台实施，划定了江河湖泊管理范围，编制了江河湖泊岸线保护利用规划，加强河道采砂监管，完成重点河段和敏感水域采砂规划编制。《西藏自治区水利改革发展“十三五规划”》报告提出要加强高原河湖生态保护与修复。

针对西藏高原湖泊湿地数量多、面积大、物种独特等特点，坚持自然保护为主，人工治理修复为辅的策略，加强雅鲁藏布江源头、藏东“三江”源头区等水生态保护和水源涵养；以中部河谷区重点河流、羌塘高原生态脆弱河流以及东部高山峡谷区水土流失严重河流为重点，加强重要江河的保护，维护河湖健康，推进易贡湖等湖泊综合治理及水生态修复和保护。

4.“两江四河”流域绿化造林工程

“两江四河”包括雅鲁藏布江、怒江、拉萨河、年楚河、雅砻河、狮泉河，是西藏生态安全屏障的重要组成部分，“两江四河”流域造林绿化工程，是一项公益性生态建设工程，是西藏生态安全屏障建设的重要组成部分。项目建设范围涉及全区7市（地）48个县（区）、389个乡（镇）、3162个行政村，2017年至今“两江四河”流域造林绿化工程共投资10多亿元，完成人工造林 31 万亩[①]。

该工程实施后，西藏森林覆盖率得到提高，使林区小气候环境发生变化；森林面积的增加使工程区内水土流失得到有效遏制，水源涵养能力增强，干旱、泥石流等自然灾害明显减少；森林生态功能的逐年恢复，使得工程区内生物多样性得到有效保护；森林植被明显增加，并日益发挥出显著生态效益。

5. 农田水利建设

对于散居偏远县的农田灌溉，建设小型的农田水利基础设施，2017 年，农牧业抵御自然灾害能力显著增强或有效改善 50 万亩，农牧业综合生产能力快速提升。农田水利建设为该地区粮食连年丰收，对畜牧业生产水平的提高做出了重要贡献。西藏党委和政府在水利方面的主要任务是开发水利和消除水害，大量的水利基础设施被修建。特别是改革开放以来，国家加大对西藏水利的扶持力度，西藏迎来了千载难逢的发展机遇。据统计，西藏和平解放以来，水利投资累计近 400 亿元，新世纪以来三个五年计划的投资累计超过 300 亿元。水利事业的快速发展，为西藏经济社会发展提供了有力的支持和保障[②]。

6. 水能发展助力脱贫攻坚

西藏芒康县水能资源相当丰富，县内主要有金沙江、澜沧江及其支流宗曲、嘎托河、登曲等河流。开展了水电开发专项规划，增加农村集体经济收入，实现财政扶贫资金扶持产业发展，使资产收益最大化，解放农村剩余劳动力。形成户户参与脱贫、人人参与扶贫的集体总动员格局，使当地群众回归主业，积极地参与水能资源开发建设中去。当地农村集体可根据建成后水电站的水电资产收益情况进行集体再分配方案，从过去的贫困

---

① 西藏完成“两江四河”造林绿化 31 万亩 [EB/OL]. 来源于中国西藏新闻网 . https://m.thepaper.cn/baijiahao_14476371，2021-9-13.

② 毛阳海 . 西藏经济结构转型研究 [M]. 南京：东南大学出版社，2012:288.

到现在的小康，从精准扶贫到现在的乡村振兴，水电资产收益对当地居民的生活水平提高做出了不可估量的贡献。

四、西藏水能资源产业发展存在的问题

（一）水电建设存在的问题

1. 水电电源项目储备不足

由于部分河流水电规划滞后、前期工作深度不够或项目前期工作推动缓慢、涉及环境敏感对象、投资额度大及投资效益较低等问题。前期工作基础较好的水电站主要分布在雅鲁藏布江中游河段、澜沧江上游及象泉河，电源储备难以支撑区内“十三五”期间乃至“十四五”初期的用电需求。

2. 水电站建设过程复杂

西藏复杂多样的地形地貌和特殊的自然条件，运输条件较差，使得西藏在水电建设过程中困难加大。以雅鲁藏布江的墨脱水电站为例，勘测多年仍没有建成，它所涉及的技术难题和自然条件实属罕见。例如：缺乏水文气象地质基础资料；生态环境十分脆弱；需要考虑经济发展与民族历史地理问题；建设水电站离电网较远，需要考虑输配电问题；交通条件极差，需要考虑电站建设的运输费用问题；地质条件恶劣，地震易发；需考虑超高水头水工建筑物的设计施工问题；雅鲁藏布江严重的滑坡泥石流和泥沙问题；墨脱公路建设等工程技术难题。

3. 水电消纳问题

水电开发主要集中在雅江中游和澜沧江上游。水电开发较为集中，电网“大机小网”问题更加突显。除了送出通道问题，还存在区内消纳低和跨省交易等问题。电力负荷的需求不会按照计划进行，需求在不断的变化，一个时期内某地区可能缺电；如枯水季节，水电发不出，为了满足当地电力的保障，一是增加电源建设，二是电能调度，当丰水期供大于求时，多

余电量的去向就成了问题。

（二）水能资源发展的其他问题

1. 城乡供水保障能力有待进一步提高

仍有部分农牧民存在饮水水源水量不足、夏季牧场缺乏饮水设施以及安全标准低等问题。那曲市依然存在供水设施不配套、未划定水源地保护、没有建设集中水源工程等问题。已建成的水源地中，部分水源地未进行水质监测，县级以上城市均为单一水源供水，应对突发事件能力不足。

2. 农田水利设施薄弱

西藏超过一半的灌溉面积集中在“一江两河”河谷地带，其他区域耕地分散、灌溉面积小，灌溉生产条件差。此外，由于灌排设施标准低，田间配套率低，蓄水工程数量少，工程任务单一，调蓄能力不足，工程性缺水问题依然较为突出，农牧业灌溉保证率偏低。

五、西藏水能资源产业发展对策

（一）加强资源勘查规划

加强水能资源复查工作，从规划源头科学合理管控水能资源。理顺河流水电规划推动机制，加快推进主要河流水电规划和规划环评，为项目前期工作的顺利推进打下基础。加强水电发展规划与其他专项发展规划的协调衔接，统筹大型项目所涉及的生态环境问题。

研究制定有效措施，加快解决项目前期工作影响水电建设的问题。创造条件、加强配合协调，依据规划，争取国家有关部门加大西藏水电项目前期工作支持力度，做好水电发展所需要的项目储备，协调多个主体共同参与项目建设，保障规划项目能按期开工建设、投产运行。

（二）降低工程原料采购难度推进水电建设

为按时、保质、保量地完成水电建设工程，考虑高原地区地形运输等因素，原料的购买、工人的施工都要留出时间裕度，以保证工期进度。同时应合理统筹安排，减少不必要的工程材料以降低采购运输难度，优化相关设施的施工工序设计，合理减少负责工序的施工内容，降低施工难度，合理利用当地材料资源降低外部材料运输量等。在工程规划设计工作中合理降低因运输条件、地处偏远等特点对西藏水电项目建设工程实施的影响。

（三）有序开发合理消纳

优化调整开发布局。按照集中消纳与就近消纳为主的原则，优化水电布局，统筹开发与市场消纳，有序开发水电。调查制定合理电价，为农牧区当地居民制定合适的价格，促进区内自主消纳；合理规划藏电外送通道，建设多条送电线路进行区外消纳，提高输电技术水平，大力培养电力方面技术人员，为电力输送以及并网运行提供技术支持。

合理推进水电建设。加快雅鲁藏布江下游和金沙江上游、澜沧江上游的水电建设，力争“十四五”末建成和在建水电装机 1500 万千瓦[①]。水电的消纳问题应该放大范围来考虑，必须要保持内消和外送并举。一是积极实施“两个替代”特别是电能替代工程，不断推动社会高质量发展，提高人民生活质量。二是实施西电东送，促进西藏水电外送，要加快青藏直流，交流电网发展，构建全国统一的电力市场，促进水电等清洁能源在全国范围优化配置。有利于推动西部民族地区的乡村振兴，有利于构建清洁低碳、安全高效的能源体系，促进水电的消纳。

（四）加快城乡供水工程建设

1. 实施农村饮水安全巩固提升工程

通过工程配套、改造、升级、新建等方式，对农村饮水工程点进行巩固提升，改善农村因饮水解困工程建设标准低、集中供水程度不高、扶贫

---

① 西藏自治区国民经济和社会发展第十四个五年规划和二〇三五年远景目标纲要 [EB/OL]. 来源于西藏自治区人民政府网 .http://drc.xizang.gov.cn/zwgk_1941/fz/zt/202103/t20210330_197737.html，2021-3-30.

搬迁、水源条件变化等地区的饮水安全条件，重点确保扶贫易地搬迁人口饮水安全，进一步提高农村供水水质达标率、集中供水率和供水保障率，加强水质监测能力建设，提高农村饮水保障程度。

2. 加强重要城市供水工程建设

建设拉萨在内五个地市的城市应急水源及配套工程，提高城市应对特突发水事件的能力；对供水工程规模小、保障程度低的县城建设供水设施，提高城市供水保障程度。

（五）切实加强农田水利建设

1. 继续加强重点灌区续建配套与节水改造

继续实施大中型灌区续建配套与节水改造，提高灌溉保证率，为提高西藏农业生产能力和粮食安全提供有力的水利支撑和保障。

2. 新建灌区

重点在雅鲁藏布江中下游、拉萨河、年楚河和东部三江流域等光热、水土资源条件较好，有条件的河谷地带，利用改善民生、聚集经济发展的优势，加强农田水利建设，结合骨干工程建设进行灌区合理开发。

3. 加强小型农田水利工程建设

继续开展小型农田水利工程建设，因地制宜实施小水窖、小水池、小塘坝、小泵站、小水渠等“五小水利”工程建设，加强灌溉试验站和全区节水灌溉设备的建设，并配套建设计量测水设施，提高农田灌溉保障程度。

六、西藏水能资源产业典型案例

（一）水能资源利用（水电电源建设）—以藏木电站为例

藏木电站位于海拔3300米以上的雅鲁藏布江中游、山南市加查县境内，由中国华能集团公司投资、建设和运营。藏木电站是我国在雅鲁藏布江干流上建设的第一座大型水电站，电站安装6台8.5千瓦水轮机组，总装机容量51万千瓦，建设总投资96亿元，2014年11月首台机组投产发电，2015年10月全面运行。

藏木电站实现了电力由10万千瓦级到50万千瓦级的突破，电站的建成投产，缓解了冬春季节缺电的状况，为推动藏电外送，梯级电站开发及清洁能源基地建设打下了坚实基础。藏木电站把生态保护作为水电开发的首要前提，始终坚持生态优先、绿色发展的理念，建造了世界上海拔最高、亚洲落差最大的鱼道，建成了西藏第一座且最大规模的鱼类增殖放流站。其建设的过鱼设施（鱼道）、鱼类增殖站、太阳能光热系统、污水处理厂、垃圾回收站等生态环保设施，已成为生态环境保护示范点。并且改善交通，促进居民就业，促进物流业发展迅速，截至2020年5月，累计发电量达101.74亿千瓦时，解决了周边200多名农牧民就业，大力促进了当地经济发展。

（二）水能资源利用（电网建设）—以四条“电力天路”为例

1. 第一条“电力天路”—青藏联网工程

青藏联网工程东起西宁，西至拉萨，总投资139亿元。由西宁－柴达木750千伏输变电工程、柴达木－拉萨±400千伏直流输电工程、西藏中部220千伏电网工程组成，线路总长2530千米，2010年7月开工建设，成功攻克高海拔高寒冻土基础施工、高原生态环境保护、高海拔设备绝缘等世界难题，工程提前一年建成，2011年12月投入试运行。

工程结束了西藏电网长期孤网运行的历史，截至2021年11月，该工程累计为西藏送入电量87.67亿千瓦时，送出电量56.77亿千瓦时，创造直接社会经济效益14.57亿元，是我国电力工业发展的重要里程碑。

2. 第二条“电力天路”—川藏联网工程

川藏联网工程线路东起四川甘孜藏族自治州的乡城县、途经巴塘县，西至昌都，总投资66.3亿元。建设巴塘、昌都2座500千伏变电站和邦达、玉龙2座220千伏变电站，建设昌都—巴塘—乡城双回500千伏线路，昌都—

玉龙双回、昌都—邦达双回220千伏线路，全长1521千米。

川藏联网工程是国家“十二五”支持西藏的重大建设项目。该工程结束了西藏昌都地区长期孤网运行的历史，解决西藏昌都和四川甘孜南部地区严重缺电和无电问题，从根本上解决昌都地区近50万人口的用电问题，同时，该工程还将对西藏水电外送，实现资源优势转化发挥重要作用，对促进西藏经济发展，维护社会稳定具有重要的意义

3. 第三条“电力天路”—藏中联网工程

藏中联网工程起于昌都市芒康县，止于山南市桑日县，跨越西藏三地市十区县。工程总投资约162亿元，建设500千伏及配套工程变电站16座，建设500千伏及配套工程线路2738公里。

藏中联网工程的建成投运，实现了青藏电力联网工程与川藏电力联网工程互联，构成了西藏电网大动脉，西藏电网实现高压到超高压的历史跨越，标志着西藏电网迈入超高压时代。为维护边防安全、保障川藏铁路供电、加快清洁能源开发外送打下坚实的基础。

4. 第四条“电力天路”—阿里联网工程

阿里联网工程起于日喀则市桑珠孜区多林220千伏变电站，止于阿里地区噶尔县220千伏巴尔变电站，工程总投资74亿元，建设变电站6座、输电线路1689千米。

该工程投运后，将彻底结束阿里电网长期孤网运行的历史，形成西藏统一电网，解决和改善沿线近38万农牧民的安全可靠用电问题，满足西藏经济社会发展和人民生活水平提升的用电需求。

七、本章小结

本章以水电站作为水能资源产业的代表，阐述了西藏水能资源的蕴藏量、主要特点以及水电开发情况，之后以水电开发为主，兼顾水利建设，

对水能资源产业的发展沿革、发展现状进行描述。针对西藏水能资源产业发展，提出了水电电源点不足、水电建设过程复杂、消纳问题及水利建设方面的问题，并给出产业发展对策，以藏木水电站和“电力天路”为例，详细表明了西藏水能资源产业发展的成就。

第五章　西藏太阳能产业发展

西藏太阳能资源极其丰富。大力开发与利用太阳能资源将促进太阳能产业的发展，太阳能资源的开发以光伏发电开发为主，更要重视与环境和生态保护的协调。本章主要介绍西藏太阳能资源储量和分布特点，阐述了西藏太阳能发展沿革以及现状，分析了西藏太阳能资源产业发展现状存在的问题，提出了太阳能产业发展对策。

一、西藏太阳能资源简介

西藏太阳能资源居全国首位，是世界上最丰富地区之一。西藏太阳能资源具有辐射量高、资源丰富地区面积大、太阳能资源稳定等特点，是进行太阳能发电最为理想的地区。主要从资源概况和分布特点来阐述。

（一）太阳能资源概况

1．太阳能资源储量

（1）太阳能技术可开发量。西藏全区总面积 120 多万平方公里，太阳能资源丰富，太阳能理论蕴藏量约 8.4 × 1015 兆焦，技术可开发量约 7 亿千瓦。拉萨市太阳能电站技术可开发量约 700 万千瓦，太阳能电站场址主要分布于拉萨河流域内的冲积平原及雅鲁藏布江北岸河滩；山南市太阳能电站技术可开发量约 3500 万千瓦，太阳能电站场址主要分布于雅鲁藏布江北岸和措美县、曲松县；林芝市的太阳能电站技术可开发量约 100 万千瓦，太阳能电站场址主要分布于雅鲁藏布江和尼洋河河谷；昌都市太阳能电站技术可开发量约 1400 万千瓦，场址主要分布于金沙江与怒江之间的高山草原；那曲市太阳能电站技术可开发量约 1.75 亿千瓦，场址分布广泛，绝大部分位于藏北高原；阿里地区太阳能电站技术可开发量约 2.8 亿千瓦，场址分布广泛，开发的太阳能电站场址主要分布于各县城附近；日喀则市太阳能电站技术可开发量约 1.88 亿千瓦，场址分布广泛，开发的太阳能电站场址主要分布于国道 G318 沿线、雅鲁藏布江河谷和朋曲河谷。

（2）太阳能资源辐射量。西藏地区海拔高，空气稀薄洁净，纬度低，日照时间较长，太阳总辐射量大，位居全国首位，是世界上最丰富的地区之一。西藏平均水平面的年辐照量 1816 千瓦每小时每平方米，年太阳能辐射总量相当于 2400 亿吨标准煤。西藏每年接受太阳辐射能约为 50×1018 千焦，三分之二地区的年均总辐射大于 5020 兆焦每平方米，年日照时数在 2200 小时以上[①]，西藏太阳能资源十分丰富，据初步估算，年总辐射量 6000 兆焦以下的区域约占全区面积的 26%，年总辐射量 6000 ~ 7000 兆焦的区域约占全区面积的 39%，年总辐射量 7000 ~ 8000 兆焦的区域约占全区面积的 29%，年总辐射量 8000 兆焦以上的区域约占全区面积的 6%。全区太阳能资源理论蕴藏量为 6.86×105 亿千瓦小时[②]。

根据西藏地区太阳能年辐射量的空间分布，将西藏地区的太阳能资源划分为四类区域[③]，如表 4–1。

表 4–1 西藏太阳能资源分布情况统计表

太阳能分布情况 地区类型	第一类地区	第二类地区	第三类地区	第四类地区
分布地区	藏西、藏北太阳能资源丰富区	喜马拉雅山脉南翼、那曲中东部、昌都太阳能资源较丰富区	藏东南太阳能资源较贫乏区	雅鲁藏布江下游太阳能资源较贫乏区

① 吴跃 . 西藏清洁供热市场前景广阔 [N]. 中国建材报，2021–08–10（001）.

② 王晓樾 . 基于能源规划模型的四川省水光可再生能源系统分析与优化 [D]. 电子科技大学，2020:51–106.

③ 我国太阳能辐照资源分布概况 [EB/OL]. 来源于清洁供热网，http://www.imsia.cn/news/aa/6950.html.

年日照数（小时）	2900 ~ 3400	2250 ~ 2900	2000 ~ 2250	<2000
太阳辐射总量（兆焦每平方米）	7000 ~ 8400	6250 ~ 7000	5858 ~ 6250	<5850
每天日照数（小时）	>6	>6	>6	>6
平均天数（天）	275 ~ 330	215 ~ 275	150 ~ 215	150

（二）太阳能资源的分布特点

1. 区域分布特点

由西藏太阳能辐射情况可知：西藏太阳能资源分配差异大，太阳能资源较好区域是拉萨、日喀则、阿里和那曲，而昌都、林芝、山南相对较少；西藏地区年平均太阳总辐射年内变化呈单峰形，时间上 3 ~ 10 月份辐射量较多，11 ~ 2 月份辐射量较少，12 月份最小，平均为 109 ~ 551 兆焦每平方米，其中 5 月是太阳能总辐射最多的月份，平均为 291 ~ 803 兆焦每平方米；西藏地区整体具有较长的年均日照时长，部分地区高达 3300 ~ 3600 小时每年；西藏的太阳能年平均辐射达 3300 ~ 4800 兆焦每平方米，年均总辐射量达 5850 ~ 8400 兆焦每平方米，直接辐射约占总辐射的 56% ~ 78%，夏季可达 71% ~ 88%。

（1）拉萨地区。年平均太阳总辐射为 4971 ~ 6855 兆焦每平方米，年内变化呈单峰形，5 月份最大，平均为 607 ~ 691 兆焦每平方米；12 月份最小，平均为 228 ~ 501 兆焦每平方米。春季最大，平均为 1558 ~ 1906 兆焦每平方米，冬季最小，平均为 789 ~ 1541 兆焦每平方米。

（2）昌都地区。年平均太阳总辐射为 3568 ~ 5618 兆焦每平方米，年内变化呈单峰形，5 月份最大，平均为 440 ~ 593 兆焦每平方米；12 月份最小，平均为 147 ~ 378 兆焦每平方米。夏季最大，平均为 1177 ~ 1611 兆焦每平方米；冬季最小，平均为 526 ~ 1139 兆焦每平方米。

（3）日喀则地区。年平均太阳总辐射为 5112 ~ 7553 兆焦每平方米。

年内变化呈单峰形，5月份最大，平均为631 ~ 771每平方米；12月份最小，平均为232 ~ 551兆焦每平方米。春季最大，平均为1624 ~ 2196兆焦每平方米；冬季最小，平均为807 ~ 1712兆焦每平方米。

（4）山南地区。年平均太阳总辐射为4889 ~ 6730兆焦每平方米，年内变化呈单峰形，5月份最大，平均为617 ~ 685兆焦每平方米；12月份最小，平均为197 ~ 481兆焦每平方米。春季最大，平均为1592 ~ 1972兆焦每平方米；冬季最小，平均为722 ~ 1535兆焦每平方米。

（5）那曲地区。年平均太阳总辐射为4679 ~ 6363兆焦每平方米，年内变化呈单峰形，5月份最大，平均为544 ~ 712兆焦每平方米；12月份最小，平均为214 ~ 421兆焦每平方米。春季最大，平均为1534 ~ 1918兆焦每平方米，冬季最小，平均为724 ~ 1211兆焦每平方米。

（6）林芝地区。年平均太阳总辐射为2477 ~ 4224兆焦每平方米，年内变化呈单峰形，5月份最大，平均为291 ~ 576兆焦每平方米；12月份最小，平均为109 ~ 471兆焦每平方米。夏季最大，平均为845 ~ 1709兆焦每平方米；冬季最小，平均为377 ~ 1453兆焦每平方米。

（7）阿里地区。年平均太阳总辐射为6500 ~ 7344兆焦每平方米，年内变化呈单峰形，6月份最大，平均为757 ~ 803兆焦每平方米；12月份最小，平均为315 ~ 410兆焦每平方米。夏季最大，平均为2074 ~ 2200兆焦每平方米，冬季最小，平均为1033 ~ 1300兆焦每平方米。

2. 空间分布特点

西藏其年日照时数在1500 ~ 3400小时之间，藏西、藏北地区则多在3000 ~ 3400小时，大部分地区辐射总量为6000 ~ 8000兆焦每平方米，仅次于撒哈拉沙漠。另外，雅鲁藏布江中游河谷地区雨日较少，总辐射值可达6500 ~ 8000兆焦每平方米每年，西藏东南边缘地区由于雨水阴天多，年总辐射量在5155兆焦每平方米每年以下[①]。

---

① 侯希文．高原环境下电子文件的保护[J]. 档案管理，2008（05）:46–48.

（1）拉萨地区。年太阳总辐射沿拉萨河呈北高南低特点，拉萨河以北年太阳总辐射在6253兆焦每平方米以上，最高可达7280兆焦每平方米。拉萨河以南年太阳总辐射低于6254兆焦每平方米。此外，年太阳总辐射介于4847 ~ 5969兆焦每平方米较少。

（2）昌都地区。年太阳总辐射呈西部高东部低的特点，高值区主要位于怒江以北地区，年总辐射在5241兆焦每平方米以上，最高可达6169兆焦每平方米。总辐射低值区主要分布在河谷地带，小于5091兆焦每平方米，部分地方不足3811兆焦每平方米。

（3）日喀则地区。年太阳总辐射呈北部高南部低特点，高值区分布于沿雅鲁藏布江的北岸地区，年总辐射在6696兆焦每平方米以上，最高可达7575兆焦每平方米。低值区分布在南部的窄谷地及河谷地带，总辐射小于6138兆焦每平方米，并且年太阳总辐射介于4876 ~ 5889兆焦每平方米地区较少。

（4）山南地区。年太阳总辐射沿雅鲁藏布江呈北高南低特点，雅鲁藏布江以北年太阳总辐射在6505兆焦每平方米以上，最高可达7234兆焦每平方米。雅鲁藏布江以南年太阳总辐射低于5984兆焦每平方米。此外，年太阳总辐射介于4332 ~ 5664兆焦每平方米地区较少。

（5）那曲地区。年太阳总辐射呈北部高南部低特点，高值区分布于怒江的北岸地区，年总辐射在6366兆焦每平方米以上，最高可达7365兆焦每平方米。低值区分布在低值区位于唐古拉山脉北坡、怒江南岸、河谷地带及其支流峡谷区，总辐射小于6111兆焦每平方米，并且年太阳总辐射介于3912 ~ 5553兆焦每平方米地区较少。

（6）林芝地区。年太阳总辐射呈南部和北部高、中部低特点。雅鲁藏布江以北年总辐射较高，在6003兆焦每平方米以上，最高可达6904兆焦每平方米。低值区位于尼洋曲河谷、洛木曲峡谷、雅鲁藏布江大拐弯处，总辐射小千4436兆焦每平方米。此外，年太阳总辐射介于4301 ~ 5274兆焦每平方米地区较少。

（7）阿里地区。年太阳总辐射呈北部低南部高特点。狮泉河以北年总辐射在 6772 兆焦每平方米以上，最高可达 8163 兆焦每平方米。低值区位于喜马拉雅山北坡、马甲藏布河谷地带、北部与新疆交界处，小千 6292 兆焦每平方米。此外，年太阳总辐射介于 5744 ~ 6164 兆焦每平方米地区较少。

3. 时空分布特点

西藏年太阳总辐射在 2000 ~ 8200 兆焦每平方米之间，呈自西向东递减的分布规律，全区平均为 5808.3 兆焦每平方米。山南市和拉萨市的雅鲁藏布江河谷地带、日喀则市大部、那曲市中东部、阿里地区大部在 6000 兆焦每平方米以上，并且阿里地区西部、定日县周边高于 7000 兆焦每平方米，林芝市大部低于 5000 兆焦每平方米，并且察隅县不足 3000 兆焦每平方米，其他地区为 5000 ~ 6000 兆焦每平方米①。

西藏春季太阳总辐射在 120 ~ 831 兆焦每平方米，全区平均为 572.7 兆焦每平方米。高值区主要分布在日喀则市东部、山南市东南部及阿里地区西部，在 500 兆焦每平方米以上；阿里地区大部、日喀则市大部、那曲市大部、拉萨市和山南市大部，总辐射在 400 兆焦每平方米以上；沿雅鲁藏布江一线河谷农区、昌都市、那曲市东部、林芝市中西部及与新疆交界处为 400 ~ 550 兆焦每平方米，尤其是波密、察隅和墨脱 3 县的大部不足 200 兆焦每平方米。

西藏夏季太阳总辐射在 170 ~ 823 兆焦每平方米，为全年月最高值，全区平均为 547 兆焦每平方米。阿里地区、那曲市西北部、日喀则市西部在 600 兆焦每平方米以上；林芝市大部、昌都市南部、山南市东南部和日喀则市的亚东县少于 400 兆焦每平方米，其中察隅县不足 300 兆焦每平方米；昌都市大部、拉萨市、日喀则市大部、那曲市东部及林芝市西部为 500 ~ 600 兆焦每平方米；拉萨市、山南市西北部、那曲市中部及与新疆

① 杜军，杨志刚，刘建栋著 . 西藏自治区太阳能资源区划 [M]. 北京气象出版社，2011:12.

交界处为 600 ~ 700 兆焦每平方米。

西藏秋季太阳总辐射在 100 ~ 760 兆焦每平方米，西部高东南部低，全区平均为 442.2 兆焦每平方米。日喀则市大部、那曲市中西部、阿里地区、拉萨市和山南市的部分地区总辐射在 500 兆焦每平方米以上；其中阿里地区西部高千 600 兆焦每平方米；林芝市大部、昌都市的部分低千 400 兆焦每平方米，并且波密、察隅等县不足 300 兆焦每平方米。其他大部分地区为 300 ~ 400 兆焦每平方米。

西藏冬季太阳总辐射在 100 ~ 790 兆焦每平方米，全区平均为 372 兆焦每平方米为全年月总辐射的最低值。高值区主要分布在日喀则市东部、山南市东南部及阿里地区西部，在 500 兆焦每平方米以上；西藏与林芝市大部、昌都市大部、那曲市北部、阿里地区北部低千 300 兆焦每平方米，其中察隅县和墨脱县不足 200 兆焦每平方米。

二、西藏太阳能产业发展沿革

西藏太阳能能产业的发展主要体现在光伏的开发与利用，西藏太阳能研究、开发、利用起步于 20 世纪 80 年代初，主要是小型光伏电站的建设和光伏惠民产品的推广，从“十二五”到“十三五”时期进入迅速发展阶段，光伏电站蓬勃发展，进而大力推动光伏发电多元化。

（一）初始发展期

1. 光伏利用

1980 年，国家扶持西藏开发了多个大型工程，阿里地区先后落实和实施“阳光计划”和“科学之光计划”等一批重点科研项目，还开展了“村村通广播电视工程”“金太阳”示范工程。及“送电到乡”工程等[①]，有力

① 赵敏 . 西藏太阳能产业发展问题研究 [D]. 西藏民族大学，2016.

地推动了太阳能光伏的应用。阿里光电工程解决了该地区乡村的照明问题；随着“村村通”广电工程发展，使村民用上电视。2007 年，为解决西藏能源自身需求的问题，以分散式开发为主，推广太阳灶约 12 万台，太阳能热水器近 8 万平方米，被动式太阳房约 17 万平方米，温室约 123 万平方米。据估算，2010 年西藏通过太阳能光伏利用和光热利用，全年共节约标准煤 16.28 吨。

2. 光伏开发

1990 年 6 月，西藏阿里地区革吉县建设了我国第一座自行设计、自行安装的最大光伏电站[①]。解决了该县柴油发电机发电的历史，对改善当地居民生活，发展社会生产力起到了积极推动作用，也为西藏其它偏远地区建设光伏电站积累了经验。2005 年底，西藏已建成 10 多座县级独立光伏电站，满足了近 10 个无电县的用电要求，总装机容量 500 千瓦。西藏已累计建立 3 ~ 5 千瓦的光伏电站 300 多座，全区 7 个县已经建成 10 ~ 100 千瓦的太阳能光电站，推广各类小型独立光伏发电系统约 5400 千瓦[②]。2007 年，西藏近 10 所学校建设太阳能光伏电站，解决了学生学习用电问题，西藏建成各类太阳能光电设施容量超过 2 兆瓦。对解决偏远地区能源短缺问题及保护脆弱的生态环境具有积极的弥补和缓解作用。

（二）黄金发展期

“十二五”以来转变能源结构，光伏发电占比逐步提升，西藏光伏产业处于蓬勃发展阶段。

1. 光伏开发

（1）离网光伏电站开发。2010 ~ 2015 年，龙源先后在西藏三个地区投资建设 5 个光伏项目，装机 80 兆瓦，为当地经济建设和电力供应提供了

① 乔幼筠 . 西藏阿里建成十千瓦光伏示范电站 [J]. 太阳能，1991（03）:6–7.

② 西藏太阳能光伏发电总装机容量居全国第一 [EB/OL]. 来源于中国西藏新闻网 .https://news.sina.com.cn/c/2006-04-24/00458771002s.shtml，2006-04-24.

强有力的支撑①。2015 午，西藏光伏总装机容量达到了 199 兆瓦，其中绝大多数由大型兆瓦级光伏电站组成②。此外，青藏铁路、G318、G217 等主干道沿线广泛应用 2 ~ 5 千瓦的光伏通讯基站③。针对西藏无电乡、村建设了独立离网型光伏发电站容量为 10 ~ 130 千瓦近 400 座，示范推广了太阳能光伏照明系统容量为 10 ~ 200 千瓦户 10 多万套。2015 年底，“金太阳”示范工程累计投入资金 12.5 亿元，免费发放太阳能户用光伏系统 18.4 万余套，建设离网光伏电站 62 座，总装机达 50.78 兆瓦，有效解决了 13 万户、52 万无电人口的用电问题。此外，工程还改善了 16.07 万户、79.3 万人的用电质量，实现了行政村通电率 100% 的目标，对建设生态西藏起到了积极的作用④。

从 20 世纪 90 年代初至今，在西藏地区推广示范不同种类规格的离网光伏电站 745 座（含修复升级），总装机容量达 20.77 兆瓦。随着“无电地区电力建设光伏工程”在内的多项惠民工程在西藏七个地市的实施，基本实现了西藏无电人口全覆盖⑤，详见表 4–2。

表 4–2 西藏历年离网光伏电站推广应用统计表

年份	项目名称	投资主体	建设地点	容量（千瓦）	数量（座）	总容量（千瓦）
1994	西藏自治区项目	西藏科委	那曲地区双湖县	25	1	25
1997	西藏自治区项目	国家计委	那曲地区安多县、班戈县、尼玛县、革吉县、改则县、措勤县	10 ~ 75 不等	6	345
1998	国际援藏项目	日本新能源产业技术综合开发机构（NE–DO）	拉萨市达孜县拉木乡	6	1	6

①晁晖．中国新能源发展战略研究 [D]. 武汉大学，2015.

②李璐．可再生能源发展政策影响的分析模型及实证研究 [D]. 华北电力大学，2015.

③栗宝卿．促进可再生能源发展的财税政策研究 [D]. 财政部财政科学研究所，2010.

④金太阳工程解决西藏 52 万农牧民用电难题 [EB/OL]. 来源于中国政府网．
https://news.solarbe.com/201509/23/84973.html，2015–09–23.

⑤王俊乐．西藏无电地区离网光伏电站应用现状及建议 [J]. 西藏科技，2021（10）:26–28+39.

1999	西藏光明工程先导项目	国家计委	拉萨、山南和昌都三地区的 6 个乡村	6	6	36
1999-2002	科学之光计划	西藏科技厅	山南错那县、林芝朗县，那曲索县	1.2	3	3.6
2001-2002	阿里地区光明工程	国家计委、科技部、国家电力公司	阿里地区的 33 个无电乡镇	2 ~ 45 不等	33	190
2002-2004	送电到乡	西藏计委	那曲、山南、日喀则、昌都以及拉萨五地市的 56 个县，329 个无电乡	2 ~ 75 不等	329	6694.6
2003-2004	无电地区电力建设光伏工程	西藏发改委	那曲地区尼玛县、双湖县、巴青县岗切乡，拉萨市尼木县，阿里地区 7 县共计 61 个乡镇	2 ~ 75 不等	107	2639.5
2009-2011	2009 年度金太阳工程	西藏发改委	山南地区 2 个县的 2 个乡镇	4.4 ~ 30 不等	2	34.4
2010-2013	2010 年度金太阳工程	西藏发改委	那曲班戈县的 8 个行政村	10 ~ 45 不等	8	224.96
2012-2013	2012 金太阳示范工程	西藏发改委	7个地市(拉萨,日喀则、山南、林芝、昌都、那曲、阿里）的 54 个县	10 ~ 45 不等	54	982.1
2015-2016	金太阳二期工程	西藏发改委	7个地市(拉萨,日喀则、山南、林芝、昌都、那曲、阿里）新建和扩容	4 ~ 45 不等	191	9393.12
2018-2020	西藏自治区项目	西藏科技厅	阿里地区改则县 4 座光伏电站修复升级	18 ~ 85 不等	4	192.74
共计					745	20767.02

综合来说，光伏发电系统的安装成本和前期投资成本较高，并且可持续稳定获得电能和经济效益，带动了当地经济的飞速发展。

（2）并网光伏电站开发。并网光伏系统的投资比离网型光伏系统少 25%。将光伏发电系统接入到大电网并网运行，提高了光伏发电规模，扩大了太阳能使用的范围和灵活性。2011 年 7 月，西藏日喀则太阳能光伏电站并入藏中电网运行，该电站年发电量可达 2023 万千瓦时，可满足日喀则市 10 万户农牧民用电需求，并且极大改善了西藏电网供电不足、电压不稳的问题，减少排放温室效应气体二氧化碳约 17820 吨。2016 年 9 月，那曲地区班戈县 20 兆瓦光伏发电项目并网发电，总装机容量 3 万千瓦，年发电量达 4900 万度①，为班戈县带来 600 余万元的财政收入，还解决了部分当地人的就业问题。

2016 年国家累计投入西藏的资金超过 40 亿元，实施的光伏项目总装机容量高达 180 兆瓦，直接或间接解决了超过 60 万人口无电或缺电的问题，并且已建设完成光伏发电站共 14 座，分别分布在拉萨、山南、日喀则、阿里四个地市。其中拉萨建成光伏发电站 3 座；日喀则建成光伏发电站 3 座；山南建成光伏发电站 7 座；阿里建成光伏发电站 1 座。2017 年西藏藏能尼木 20 兆瓦光伏电站和浪卡子 50 兆瓦光伏电站成功并网发电，年均发电量为 3184.59 万千瓦小时和 7633 万千瓦小时，标志着西藏首个大规模组串式光伏项目和国内海拔最高的光伏项目成功建成。

2. 光伏利用

（1）居民供暖建设。国家能源局鼓励大中型城市有供暖需求的民用建筑优先使用太阳能供暖系统，鼓励采用太阳能供暖与其他供暖方式相结合的互补供暖系统。太阳能热水器除广泛应用于西藏的城市居民外，一些地区也采用了与建筑物相结合的集中供热技术，由提供生活用热水向开水、供暖等方向发展。

在机关办公楼、学校、家庭等场所安装的被动太阳房，尤其冬天时被动太阳房与一般性房屋相比，室内温度能够提升 5℃ ~ 10℃，采暖期间每平方米房屋建筑能够节省 20 ~ 40 千克的煤炭。2007 年，西藏能源研究示

① 王剑，张星海 . 能源那些事 [M]. 重庆大学出版社，2017:351.

范中心在那曲地区政协办公大楼建设了一套太阳能供暖系统，经过试运行后宣告“太阳能供暖技术”在高海拔、高寒的那曲地区示范成功[①]。供暖系统的成功实施不仅提高了居民的生活质量，而且降低了对环境的破坏，加强推广太阳能热发电和集热利用的力度。

（2）太阳能产品的应用情况。西藏的太阳能资源使用和开发技术日趋精进和多样化，太阳能产品广泛应用在照明、通讯、广播电视、提水灌溉、取暖等生产生活的各个方面，太阳灶、太阳能热水器等已推广到千家万户。2015 年西藏太阳能热水器推广面积已达 45 万平方米，推广被动式太阳房约 42 万平方米[②]。西藏推广了 40 多万台太阳灶，其中截光面积为 1.65 平方米的聚光太阳灶使用数量最多，并且主要分布在拉萨、山南、日喀则等地市。

西藏居民使用的太阳能产品主要为太阳灶、太阳能热水器和太阳能光伏电站和太阳能手电筒等。拉萨市 77.78% 居民拥有太阳灶，其中有 83.34% 得到政府扶持获得，有 83.20% 的居民表示经常使用太阳灶来烧水。与使用太阳灶相比，71.66% 的居民使用太阳能热水器，绝大部分居民认为太阳能热水器使用方便[③]。随着太阳灶等太阳能产品的不断推广和使用，西藏的生态环境得到了明显改善，在海拔 3200 多米的藏木水电站业主生活小区，冬季采暖和每天使用的热水均靠太阳能实现。随着太阳灶、太阳能热水器等在西藏不断推广，在西藏人口相对集中的城镇，宜采用太阳能集中供暖技术。

（三）多元化可持续发展期

“十三五”时期推动形成各有侧重、优势互补的区域能源发展格局，

---

① 改革开放 30 年来西藏开发利用新能源纪实 [EB/OL]. 来源于西藏日报 . http://www.taiwan.cn/zt/wj/xizang/xizangxing/xiz/200811/t20081103_771438.htm，2008-11-03.

② 多吉，王海江，洪亮，杨跃晶 . 可再生能源在西藏新农村建设中的利用探讨 [J]. 西藏科技，2009（04）:21-24.

③ 何志权，拉巴次仁，何红，胡尧，曹振鑫，张文辉，才旺顿珠，余华星 . 探讨西藏居民太阳能产品使用情况及其建议 [J]. 科学家，2016，4（12）:18-20+33.

因地制宜推进多种方式利用太阳能资源，实现多元化太阳能发展。

1. 光伏开发

充分发挥资源优势，加快能源基础设施建设，优化能源生产和消费结构，改善民生用能条件，必须推进光伏电站开发。2019 年，水电四局西藏首个新能源项目—西藏当雄 10 兆瓦牧光互补并网光伏项目全部子阵并网发电。实现了草场恢复、西藏牧业和光伏发电协同发展的目标，提升了西藏清洁能源的利用水平[①]。国电龙源阿里 10 兆瓦微网光伏发电项目，装机 10 兆瓦光伏加上微网储能系统，按水光储联调微网设计，实现消峰填谷，保证了光伏输出功率稳定。根据西藏能源“十三五”规划，国家对西藏开展光伏发电予以大力支持，先后出台了多项优惠政策，进一步促进了西藏光伏发电的建设。发展光伏产业可以有效改变能源消费方式，合理调整能源结构，加快可再生能源的开发利用，促进生态环境保护[②]。

2. 光伏利用

随着太阳能光伏技术的发展和进步，太阳能路灯、庭院照明、草坪照明等应用已逐渐形成规模，太阳能在路灯领域的应用发展也逐步完善，也映射出西藏人民的低碳生活。

西藏自治区能源研究示范中心立足新能源技术推广示范，重视太阳能路灯照明新技术的引进及示范，2019 年 11 月，在那曲市比如县第一小学、第三小学、特困人员集中供养服务中心，示范安装了总计 100 盏新型太阳能壁灯[③]。在西藏各地都有推广利用太阳能路灯的巨大潜能，根据西藏昌都市高寒低压、降水量大的实际环境，研发了适用于高原地区的太阳能 LED 路灯系统。建设了西藏昌都市太阳能 LED 路灯系统节能示范工程，根据实

① 周靖 . 科学技术概论 [M]. 南京大学出版社，2020:276.

② 赵敏 . 西藏太阳能产业发展问题研究 [D]. 西藏民族大学，2016.

③ 新型太阳能路灯安装示范推进西藏绿色照明 [EB/OL]. 来源于西藏自治区能源研究示范中心 . http://sti.xizang.gov.cn/xwzx/qnkjdt/201911/t20191122_124379.html，2019-11-22.

地应用条件优化配置蓄电池，有效提高了系统可靠性，具有较大的经济效益和示范效果。

三、西藏太阳能产业发展现状

太阳能光伏开发利用过程中，经过开发初期和高速发展期，发展到多元化可持续期，西藏“十三五”和“十四五”规划建设千万千瓦级太阳能发电基地和日喀则百万千瓦级太阳能发电园区，加快推进“光伏 + 储能”研究和试点，大力推动“水风光互补”，推动清洁能源开发利用和电气化走在全国前列。

（一）光伏产业开发

2019 年 12 月，日喀则市昂仁县多白乡光伏电站装机容量 0.1 兆瓦，年均发电量 16.8 万度，为当地村民通过光伏电站的建设和国家光伏补贴，获得就业岗位和效益分红收益，实现产业性脱贫。同时，优化了村集体经济结构[①]。2020 年齐耀 40 兆瓦光伏项目年发电量可达 6000 万千瓦时，该项目为当地提供了长期的就业岗位，有力支援项当地的精准扶贫工作[②]。改善了当地能源结构，提高当地居民生活水平，具有明显的经济和生态效益。

2020年西藏日喀则市岗巴县40兆瓦大型光伏储能电站项目顺利并网，年平均发电量 7211.75 万千瓦每小时，年利用小时数 1833 小时，是全球海拔最高、装机容量最大的光储一体化项目之一。该项目对推广高原高海拔地区储能系统有积极示范作用，还保障了区域电网的安全，解决了岗巴县片区电压偏高的问题，为日喀则市提供清洁、可靠的可持续能源。光伏电站顺利并网后，能够改善藏中电网的电能结构，提供了可靠的用电保障，

① 国网西藏电力：为乡村振兴精准“充电”[EB/OL]. 来源于中国西藏新闻网 .https://baijiahao.baidu.com/s?id=1710850209326711616&wfr=spider&for=pc，2021-09-14.

② 西藏 2020 社会民生事业蓬勃发展 [J]. 中国西藏，2021（01）:97.

实现太阳能资源的综合利用和优化配置，促进生态文明建设和社会经济发展。2020 年 12 月，西藏日喀则市 50 兆瓦“光伏 + 储能”综合能源示范项目并网发电，年发电量达 1 亿千瓦时。为日喀则地区提供更加清洁可靠的电力供应，同时对西藏电网调峰、调频、调度具有重大意义[①]。到 2020 年底，西藏清洁能源发电已占近 90%。根据规划，未来三年，西藏将向 11 个省市输送电 61 亿千瓦时。将使中西部地区标准煤消费量和二氧化碳减排 183 万吨，为西藏创造经济效益约 16 亿元。

截止 2020 年底，西藏电力装机规模达到 460 万千瓦，光伏累计装机容量达到 100 万千瓦以上，为西藏的产业发展、财政税收、劳动就业、精准扶贫等方面做出重大贡献，带动了农业、矿业等周边产业发展。截至 2021 底，西藏光伏发电累计并网容量 138.7 万千瓦，其中集中式光伏电站 136.51 万千瓦，分布式光伏 2.2 万千瓦[②]。整个“十三五”期间扩大太阳能利用规模，提高太阳能在能源结构中的比重，提高太阳能发电的技术水平，降低太阳能利用成本。

（二）光伏产业利用

1. 建设多能互补新型能源体系

西藏逐步确立清洁能源的发展模式，全面建立以水电为主，地热、风能、太阳能等多种能源互补的新型能源体系。西藏政府将清洁能源产业定位为“国家清洁能源基地”“西电东送基地”“辐射南亚的能源基地”的支柱性产业，提出大力发展多种可再生能源融合互补。西藏采用太阳能 + 地热供暖系统，不仅提升清洁可再生能源的利用率，并且运行成本低，供热量大，优化了当地能源结构，在保护环境、减排温室气体、应对当地气候变化方

① 西藏日喀则 50 兆瓦“光伏 + 储能”综合能源示范项目并网发电 [EB/OL]. 来源于新华社 .http://www.gov.cn/xinwen/2020-12/25/content_5573166.htm#1，2020-12-25.

② 国家能源局：2021 年我国光伏发电新增并网容量 5488 万千瓦 [EB/OL]，来源于人民网，转引自中国西藏网 .http://www.tibet.cn/cn/Instant/culture/202203/t20220311_7162512.html，2022-06-07.

便做出了贡献。太阳能主要供应生活热水，地热能主要维持室内温度，太阳能+地热供暖系统改善了太阳能供暖不稳定成本高的问题，结合“十三五”能源规划，该系统适合西藏供暖且方便实施，西藏日喀则机场园区采用了太阳能和地热能作为双热源设计了多能互补的供暖系统，采用多能互补供暖系统采暖季末端供热性能良好。

2．构建综合清洁能源体系

2011 ~ 2020 年青藏联网，实现与西北电网联网，同时，藏中联网，实现藏中与藏东电网互联、青藏联网与川藏联网互联，并且阿里联网工程投运。还增强了西藏中东部地区电网结构的稳定性[①]，结束西藏电网长期孤网运行历史[②]。2016 ~ 2021 年，西藏年度外送电量分别达 8.89 亿千瓦时、9.42 亿千瓦时、8.57 亿千瓦时、16.96 亿千瓦时[③]、18.14 亿千瓦时、25.54 亿千瓦时。外送规模大，涉及西北、西南、华中、华东、华北 5 个区域电网，送入陕西、甘肃、青海、湖南、江西、北京、山东等 10 个省级电网。加强和发展可持续清洁能源产业，充分发挥西藏资源优势，推进西藏能源基础设施建设，提高民生的用能条件，建立多能源、互联互通、可持续发展的清洁综合能源体系，加快推进“西电东送”基地建设，打造成为国家清洁能源基地。

3．新能源汽车领域

（1）新能源汽车通信互联。太阳能电动汽车是发展趋势，西藏丰富的太阳能资源为电动汽车的发展带来极大的便利。随着太阳能充电技术的研发和应用，从而带动西藏太阳能电动汽车的发展，利用太阳能技术开发

---

① 世界上海拔最高、最难建设的电网工程刚刚投运！[EB/OL]. 来源于电网头条 .https://baijiahao.baidu.com/s?id=1617908410908432840&wfr=spider&for=pc，2018-11-23.

② 西藏阿里联网工程投运 沿线 38 万农牧民告别缺电 [EB/OL]. 来源于中国新闻网 .https://baijiahao.baidu.com/s?id=1685133771662100462&wfr=spider&for=pc，2020-12-04.

③ 西藏与 11 个省（市）签订清洁能源消纳框架协议 签约电量 61 亿千瓦时 [EB/OL]. 来源于中国新闻网 .https://baijiahao.baidu.com/s?id=1683862731666184353&wfr=spider&for=pc，2020-11-20.

新能源汽车，并且将太阳能技术与电动汽车充电技术结合，增强了西藏通信互联。新能源汽车作为网络中继器，新能源汽车一是可作为移动能源，二是可作为通信设施的中继器，三是可作为可再生新能源的储电应急充电。充分发挥新能源汽车的地理优势，不仅解决西藏汽车车联网通信不畅的问题，还可减少温室气体排放和温室效应，同时缓解当地通信互联问题。

2015 年，西藏拉萨公交首个推出新能源公交车，新能源公交车的碳排放降低了 70%，噪声降低了 90%[①]。根据西藏能源研究示范中心的测试数据，耗电量约为传统汽车的 25%，减少二氧化碳 26.8 千克，实现“低碳西藏”可持续发展。为倡导和践行低碳绿色出行，2016 年，西藏利用太阳能资源发展以气电混合动力客车、纯电动出租车和太阳能电动客车为主的新能源汽车，节能效果达 30% 以上，为西藏可持续发展提供了强大的“引擎”[②]。西藏作为国家重要的生态安全屏障，新能源汽车的推广满足了西藏市场的需求，还保证了可持续发展。2017 年西藏在太阳能应用领域又斩获了一项科研新成果——全国首个适用于高原的电动汽车光伏充电站在西藏研制成功并投入试运行，光伏充电站已经能够正常且安全地给电动汽车充电。西藏推广应用新能源汽车满足了现实市场需求，也保障了西藏绿色发展。从 2019 年下半年开始，拉萨先后投入新能源公交车 110 辆，共计 422 辆，占全市公交车总数的 80% 以上[③]。2021 年拉萨市共设有 54 根新能源汽车充电桩，为拉萨市新能源汽车推广起到积极作用[④]。整个“十三五”期间，西藏科技部门提升了新能源开发技术，提高科技成果转化效率从而提高经济建

---

① 新能源出租车为绿色拉萨添动力 [EB/OL]. 来源于新华社 .
http://www.gov.cn/xinwen/2015-05/10/content_2859789.htm，2015-05-10.

② 新能源汽车助力西藏绿色发展 [EB/OL]. 来源于经济参考报 .
https://finance.eastmoney.com/a2/20160323606871571.html，2016-03-23.

③ 罗松拉姆，李志，洛桑俊美 . 西藏新能源汽车的发展前景 [J]. 西藏科技，2019（11）:16-19.

④ 构建充电“生态网” 助力城市绿色发展 [EB/OL]，来源于拉萨日报 .https://baijiahao.baidu.com/s?id=1699179366340150121&wfr=spider&for=pc，2021-05-08.

设，为可持续西藏保驾护航。

1. 太阳能产品的推广

太阳能温室大棚在西藏的农村地区分布广泛，并且在温室大棚的作用下满足群众对蔬菜和水果的需求。随着西藏经济的快速发展，推广的温室大棚面积已达 350 万平方米[①]。随着西藏太阳能光热技术的研究与应用，出现了越来越多种类的太阳能产品，太阳能热水器、取暖、光伏建筑一体化应用范围会越来越广，降低了不可再生能源在能源消费结构中的比例，太阳能在西藏医药和食物生产加工等方面也有广泛的应用。对改善居民生活更加有保障，这标志着西藏最大太阳能光热综合利用取得成功。

2. 光热供暖

（1）打造供暖示范工程。西藏高原太阳能供暖以光热利用为主，并且已开展大量科研研究和工程落地示范，西藏一些地区，“太阳能昼夜两用暖床”“太阳能新风预热墙”“太阳能强化散热地板”等节能取暖设备开始进入普通百姓家庭，这些装置不仅具有良好的加热效果，而且清洁环保。2018 年底，西藏电网并网装机约 300 万千瓦。其中，水电约 158 万千瓦，其它电源 45 万千瓦，“光伏 + 风电”101 万千瓦。被动式超低能耗绿色建筑太阳能技术的应用和主动式太阳能供暖项目也已经在西藏示范推广。提高了居民生活质量，而且减少了对环境的破坏，具有明显的经济和生态效益。2019 年底，西藏山南市浪卡子县实现全县太阳能光热集中供暖，成为规模化太阳能供热“区域示范地”。2020 年已在拉萨、山南、日喀则等地建设 20 多类太阳能供暖试验（示范）项目，总面积为 20 多万平方米。可再生能源加热技术系统利用被动太阳能增温和主动太阳能供暖，以最大限度地集约能源，从而改善当代农牧民取暖条件[②]。

---

① 吴振双 . 西藏太阳能产业发展问题探讨 [J]. 西藏科技，2021（06）:22–25.

② 科技“送暖”雪域高原——藏陕联手促可再生能源供暖技术结硕果 [EB/OL]. 来源于新华网 .https://n.eastday.com/pnews/1593783624012311，2020–07–03.

（2）太阳能与建筑一体化供暖。太阳能与建筑一体化是太阳能利用设施与建筑的有机结合，综合考虑地区的气候、经济、能源和环境条件，便可确定所使用的供暖类型。利用太阳能集热器替代屋顶覆盖层或替代屋顶保温层，既消除了太阳能对建筑物形象的影响，又避免重复投资，降低成本。与雅鲁藏布江流域的拉萨、日喀则等西藏较发达地区相比，西藏西南部偏远地区海拔较高，气温较低，太阳辐射较强。这些偏远地区远离国家电网，电量供应更为困难。太阳能与建筑一体化采暖技术具有建设简单、成本低廉、维护便利和不需要电力驱动泵等特点，适宜在藏西南边远地区远离电网的边防哨所和传统民居中使用。

太阳能与建筑一体化有保温、蓄热、集热的功能，在西藏得到了广泛应用。以拉萨市为例，供暖期为 149 天，一栋建筑面积为 100 平方米的建筑物改造为被动式太阳房，每年在采暖期可节约 3.5 吨标准煤，换算为约为 5.5 吨薪柴，换算为蓄粪约为 5.8 吨[①]。年节约供暖开支约 2000 元，有明显的经济和生态效益。

与被动式供暖方式不同，企业在西藏积极开展主动式供暖项目，采用中高温槽式聚光集热器，结合相变蓄能器及辅助电源，以多能互补的方式在那曲申扎县积极建设太阳能供暖系统，以达到节能环保的目的。那曲采暖季为每年 9 月 17 日至次年 5 月 28 日（共计 254 天），采暖季槽式集热器南北追踪获得的平均日太阳辐照量 24.045 兆焦耳每平方米。该方案通过中温集热器提升一次热网温度及温差，减少输送投资 30%，年节约费用 1286.3 万元，年节约标煤 5928 吨，博昱新能在西藏日喀则市已建成多个槽式太阳能供暖项目，主动式供暖方案如表 4-3[②]。

① 西藏太阳能发展现状和前景展望 [EB/OL]. 来源于中国西藏网 . https://guangfu.bjx.com.cn/news/20150825/656591.shtml，2015-08-25.

② 有需求没市场？高寒高海拔西藏的太阳能供暖何解？ [EB/OL]. 来源于 CHPLAZA 清洁供热网 . https://www.esplaza.com.cn/article-2038-1.html，2018-10-16.

表 4-3 太阳能主动式供暖方案

技术方案	技术特点及投资成本	屋顶集热器安置面积	是否蓄热
太阳能热风采暖	制造成本低廉，初投资较低	所需屋顶面积大	不设置
太阳能聚光式集热 + 吸收式热泵 + 辅助热源	需采用聚光式集热器配合热泵使用；初投资大于平板式 + 辅助热源系统	聚光式集热器集热效率高于平板式，缓解了集热面积不足的问题	需设置（仅白天使用的公建不设置）
太阳能聚光式集热 + 辅助热源	需采用聚光式集热器，采用锅炉或电加执作为辅助执源；初投资大于平板式 + 辅助热源系统	聚光式集热器集热效率高于平板式，一定程度上绣解了集热面积不足的问题	需设置（仅白天使用的公建不设置）
平板集热 + 辅助热源	建议采用空气源热泵作为辅助热源；初投资较大	所需屋顶面积大	需设置（仅白天使用的公建不设置）
平板集热	完全依靠增大集热器集热面积与蓄热容积来解决阴、雨、雪等天气以及晚上工况的供暖；投资很大	所需屋顶面积大	需设置

四、西藏太阳能产业发展存在的问题

（一）太阳能辐射观测亟待加强

西藏气象站极少数有总辐射观测，仅有拉萨站有直接辐射观测，点分布太少，对全区的太阳能资源普查缺乏准确的数据支持，影响太阳能发电站的资源评价工作，影响光伏发电的建设进度，尤其是光热发电的前期工作。

在世界上海拔最高、自然条件最恶劣的地方建设太阳辐射观测站，地理位置偏远，交通极为不便、气候恶劣、自然灾害频繁。受自然条件制约，应用要求十分严格，需要监测站工作人员反复调试，还要掌握其使用和维护方法。

（二）光伏发电成本高的问题与成因

虽然光伏发电价格已大幅下降，但与燃煤发电价格相比仍然偏高，在“十三五”时期对国家补贴依赖程度依然较高，光伏发电的非技术成本有增加趋势，地面光伏电站的土地租金、税费等成本不断上升，屋顶分布式光伏的场地租金也有上涨压力。在西藏建设光伏电站面临成本较高和上网困难的双重问题，导致生产、发电和输电成本普遍较高。光伏电站的地租、税费等成本不断上涨，屋顶分布式光伏场地租金也逐渐上涨，融资成本下降有限，甚至私营企业的融资成本没有下降反而上升。光伏发电技术提升、降低成本和非技术成本必须同时发力，才能加速光伏发电成本和电价降低。西藏光伏电站设计、安装、维护成本普遍较高，发电效益不理想，实际投入成本大于产出。光伏发电系统主要由太阳能电池、蓄电池、控制器和逆变器组成，因此利用太阳能发电首先需要这些装置，而对于西藏光伏电站建设，由于西藏部分地区运输困难，自主独立生产规模小。另外，蓄电池作为太阳能光伏系统的重要组成部分，每 5 年需要更换一次，致使成本高，影响了太阳能产品的开发利用。

（三）太阳能产品开发技术落后的问题与成因

太阳能的有效利用有赖于产品的合理运用和维护，在对居民太阳能路灯现状的调查中，62.3% 的已安装路灯表示可以正常使用，而高达 25.6% 民居表示不能使用。西藏太阳能的开发利用依赖于先进的科学技术，目前西藏科研技术水平低和缺乏先进性，尤其是光伏应用方面自主研发能力弱，导致西藏光伏市场应用效率低和发展缓慢，大中型的光伏产品自主消费市场低，容易造成光伏产品过剩的问题。由于西藏自身环境的原因，属于高海拔地区，还有对人力资源开发的投入不足和机制不健全，致使西藏太阳能开发技术较落后。

（四）光伏产品行业质量监督的问题与成因

随着西藏太阳能的开发利用，对太阳能产品的需求量逐步增大，尤其是太阳能热水器和太阳能户用光伏发电系统等。太阳能市场产品由于缺乏有效的监管，导致质量参差不齐，质量差距大，由于西藏太阳能产品不断开发利用，导致产品市场带来了许多问题，产品售后服务需要加强，太阳能行业应用标准不一致，检测设备不先进等。诸多问题使消费者的合法权益没有得到保障，降低了居民对太阳能产品的需求，限制了太阳能产业的进一步发展，甚而制约了西藏清洁能源的开发利用。

西藏市场上有几十种太阳能产品，缺乏管理监督太阳能产品的部门，缺乏统一标准的太阳能产品质量评价，缺乏先进的产品专业检测设备，缺乏太阳能市场违法行为的合理处罚机制，缺乏太阳能产品售后服务的法律保护。致使日常简单运行及维护得不到完全保障，影响了当地居民消费太阳能产品的动力。

（五）尚未建立高海拔地区质量标准体系

西藏海拔高、气候独特，应用于内地太阳能电站的技术质量标准不适用于西藏的特殊条件，为保证太阳能电站的稳定运行，需制定适用于西藏特有气候资源条件的质量标准体系。

五、西藏太阳能产业发展对策

（一）建立完善的开发政策

实现太阳能产业发展目标的首要前提是加强建设资金，根据太阳能资源的应用领域、建设规模、技术特点和发展现状来采取多种融资手段，将政府投资与社会多元化投资相结合，克服太阳能产业发展的建设资金难题。根据西藏太阳能产业的目前状况，运用财税手段进一步完善激励机制和法制体系，从而使太阳能产业发展的外部条件得到上升，为太阳能产业发展提供扶持和保障政策，及时出台一些优惠激励政策，对太阳能相关企业实行税收优惠政策，为了提高太阳能技术研发的创新能力，加强对做出重大突破的企业和个人的奖励程度。

进一步完善开发政策，理顺太阳能开发配套的财税、金融、土地政策，规范项目开发程序，建立合理的准入和退出机制。争取国家根据西藏实际核定太阳能热发电电价，明确补贴标准，以稳定企业的投资预期，保障规划项目能按期开工建设、投产运行。

（二）开展西藏太阳能资源普查

完成西藏太阳能发电资源普查工作。在西藏具备太阳能资源潜在开发价值和接入条件的区域增设太阳总辐射观测设备，在重点开发光热电站的场址增设太阳直接辐射（DNI）观测设备，普查工作从实测辐射资料、历史日照资料、遥感反演、辐射 GIS 精细化推算等方面，开展太阳辐射资源研究，通过获得西藏月、季、年的精细化太阳辐射资料，对西藏太阳能资源进行了总体评估，给出了具有太阳能资源开发潜力的区域，完善西藏太阳能资源数据库，从而加快推进光伏发电、光热发电等电站的建设。

（三）增加持续稳定的市场需求

根据可再生能源发展，遵循政府引导、政策保障和市场调节相统一的原则，加大政府财政投资和实行合理的价格机制等措施，创建长期稳定和前景良好的太阳能产品市场，加快了太阳能产品的开发技术应用。制定优惠扶持政策，增加产品市场份额，发挥太阳能市场的调节能力，逐渐加强太阳能产业化进程，促使太阳能产品进入市场。建设新城镇化建设的进程中应根据西藏自然条件和经济发展水平，加大太阳能开发利用研究，实现建设与光伏一体化。加强产品的宣传力度，刺激西藏太阳能产品消费能力，壮大太阳能产业发展规模，满足用户生活需求。

（四）加大太阳能产品质量监督力度

西藏管理部门要加强监督管理，严惩有问题的产品，加大对优质产品的宣传和对消费者补贴的力度，太阳能企业要提升产品售后服务水平，为消费者提供优质和廉价的太阳能产品。加强服务质量，进一步完善太阳能市场服务体系，制定统一的太阳能产品的检验标准，回首利用太阳能产品的废电池等，保护高原生态环境。加强建设西藏特色的太阳能战略性支柱产业，积极促进自然资源优势转化为经济发展优势。

（五）加强太阳能技术标准体系建设和产业研发

针对西藏海拔高、气候独特的实际情况，加快制定适用于西藏特有气候资源条件的技术标准体系。充分重视西藏太阳能项目建设的自然环境、施工条件和建设管理等特殊性，依托国家新能源技术管理体系和归口单位，进一步健全太阳能项目建设管理体系，加强严格管理，确保适应西藏特殊性的工程建设质量。通过技术标准体系的实施，提高太阳能电站的建设质量和标准，充分利用好西藏丰富的太阳能资源，保障光伏电站的长期稳定运行。积极引进太阳能发电设备装配企业，推动技术标准体系的落实和太阳能产业链的延伸。

六、西藏太阳能产业典型案例

（一）光伏＋生态设施农业＋光伏小镇

“光伏＋生态设施农业”产业扶贫示范园区，位于西藏日喀则市桑珠孜区江当乡，占地面积约 6.5 万亩，光伏发电总规模 2000 兆瓦。项目以光伏农业为依托，以净土农业为导向，构建出“农光”互补、种养结合、技术示范、农产品开发等多元发展的现代光伏＋生态设施农业产业扶贫示范园。

光伏＋生态设施农业，一期建设了种植枸杞 1400 亩，建设农业大棚 226 座。可以利用棚顶发电和棚里种菜模式，解决当地蔬菜水果供给短板。同时，利用现代光伏技术与农业生产的相结合，实现农业经济可持续健康发展。探索符合当地特色现代农业发展以及新农村建设的新路。

2020年在示范园区旁由水电七局建设配套建设光伏小镇项目，建设占地面积达2781亩，光伏小镇一期建设了343套安置房，配套了幼儿园和村级活动场所，安置易地搬迁群众2000户，建设了易地搬迁613户贫困户分布式光伏发电项目。示范园区为易地搬迁和周边群众提供了2000个就业岗位，年人均增收4000元以上，为易地搬迁的重点民生项目。

光伏小镇为桑珠孜区提供更加清洁、可靠的电力供应，优化桑珠孜区能源结构，提高供电稳定性。绿色能源发电的模式带动桑珠孜区的经济发展，社会效益显著。同时，形成生态与经济的良性循环，实现经济、生态、社会三大效益的统一。

（二）光伏＋建筑一体化—屋顶光伏

拉萨物流园区屋顶分布式光伏项目位于拉萨市堆龙德庆区羊达乡工业园内，是西藏自治区首个大型屋顶分布式光伏发电项目，2017年实施屋顶分布式光伏项目一期建设，2018年12月二期建设完成，并网装机容量达10.09兆瓦。

该项目利用单体厂房面积最大，并且装机容量最高，对形成产业一体化发展具有重要意义，树立了西藏利用新能源建设新的里程碑。

（三）光伏＋牧业—牧光互补电站

西藏当雄牧光互补并网光伏电站位于拉萨市当雄县格达乡羊易村，平均海拔为4700米，项目总投资约0.79亿元，装机容量为10兆瓦。该项目在牧场建设光伏电站，均采用高支架，建成后上部安装太阳能电池板进行光伏发电，下部种植牧草进行牧业养殖，是一个平面与空间综合应用的复合型光伏项目。

项目建成投产后年均实现发电量1692.2万千瓦时，进一步能够改善电站周边生态环境，有力提升西藏清洁能源的利用水平，实现草场恢复、牧业养殖和光伏发电协同发展的目标，实现“一草两用”。

牧光互补不仅可以生产出绿色环保的光伏电力，还可以提高土地空间的经济价值，创新“光伏+乡村振兴”模式，建设现代高效农业综合经济体。该项目有效促进地区养殖户收入的稳定增加，带动当地经济发展，达到经济、环境效益双赢，是国家目前大力提倡和扶持的项目。

七、本章小结

西藏太阳能资源开发利用过程中存在技术和管理上的问题需要解决，目前太阳能产业开发利用已经有一定规模，西藏应加强科技研究，培育完善的市场监管和扶持政策，促进太阳能产业全面协调发展。随着西藏经济社会现代化进程的不断推进，西藏太阳能开发利用技术的逐步上升，未来西藏太阳能产业发展前景一定广阔。“十四五”期间，西藏应继续保持太阳能产业发展优势地位，继续推进太阳能产品利用。稳步推进太阳能光伏产业发展，制定产业战略规划，努力使太阳能产业成为西藏支柱产业。

第六章　西藏风能产业发展

西藏具有大量的风能资源，风能开发符合生态环境要求，风能的开发与利用也将促进风能产业的发展。本章主要介绍西藏风能产业发展的变迁与现状，主要从西藏风能资源概况、风能产业发展历史以及主要特点三个方面来阐述西藏风能产业发展的变迁；西藏风能产业发展的现状主要介绍了风电的开发、风能工程的建设，以及目前所取得的成就。

一、西藏风能资源简介

（一）资源概况

1. 资源储量

西藏的风能资源储备丰富地区的海拔高度均在 4000 米以上，风能资源的理论蕴藏量可以达到 1.1 × 105 亿千瓦小时，风力发电理论可开发量约为 1.81 亿千瓦，技术可开发量可达到 2855 万千瓦[①]。在西藏的藏北高原东到安多，西达阿里地区北部，南抵冈底斯山和念青唐古拉山北部是西藏风力最大地区。除了藏北高原风力最大地区以外，喜马拉雅山脉地区的风力资源缊含同样较为丰富，年均有效风力时数在 3500 ~ 4000 小时之间。

2. 资源分布

西藏海拔、地理位置、地形等不同，风能资源分布也不同。当海拔较高，风能资源主要受高空西风环流影响，形成位于藏北高原地区（大致沿

---

① 杨原，旦增罗布，洛松泽仁 . 浅谈西藏地区加快风能利用的必要性 [J]. 西藏科技，2008（02）:35+43.

安多—狮泉河公路一线）和喜马拉雅山脉—冈底斯山脉之间的山谷地带东段二条风带。除藏东地区风能资源较贫乏外，大部分地区属较丰富区和可利用区。除此之外，在西藏海拔较低区域，由于受四周高山遮挡，风能资源较差。地理位置上，藏北高原的资源蕴藏量最大，占西藏风能技术可开发量的60%（那曲技术可开发量最大）；藏南一带占西藏技术可开发量的25%；藏东占技术可开发量的10%；藏中占技术可开发量的5%。地形上，西藏南北两侧的气流受到地形影响，使得气流迅速爬升，风能资源最好。西藏中部雅鲁藏布江河谷地区、大部分山脉的背风面等，风能资源较差。

（二）资源特点

1. 风速

西藏地区海拔高，且地势平缓，在高原强劲风动量下旋带动，使得西藏具有比较丰富的风能资源。受地形的影响，形成了昆仑山—唐古拉山地区、冈底斯山—念青唐古拉山地区、以及喜马拉雅山山谷地带东段地区三条风带，年平均风速在 7 米 / 秒以上。据《西藏自治区“十三五”时期风能发展规划》初步估计，风速在 7 米 / 秒以上的风能区域主要分布在海拔4800 米以上的高山区，大约是全区面积的三分之一。西藏的风能资源在冬季和春季最为丰富，11 月到来年 4 月份为西藏地区大风季时期，小风季主要在 5 月到 10 月，风能最小在 8 月份。大风季时期风速在 9 米 / 秒左右，风能约占全年的 75%。小风季时期风速在 5 米 / 秒左右，约占全年 25%。风速和风力发电机组呈正比线性关系，风速越快风电机组的效率越高。当风速在 7 ~ 10 米 / 秒的中度风速时，发电效率得以较佳体现。

2. 风功率密度

风电场选址一般要求年平均有效风能功率密度在 150 瓦 / 平方米左右，《全国风能资源评价技术》规定，风能密度在 200 瓦 / 平方米以上为资源丰富地区；150 ~ 200 瓦 / 平方米为较丰富地区；50 ~ 150 瓦 / 平方米为可利用地区；小于 50 瓦 / 平方米为风能匮乏区。对于西藏实际风能密度分布特点，可分为可利用区与匮乏区两大区域，藏北大部分地区风能密度属于较丰富地区，阿里地区革吉县、念青唐古拉山北段、那曲县年风功率密度在 53 ~ 122 瓦 / 平方米，喜马拉雅山北麓和昌都洛隆县风功率密度在 56 ~ 75 瓦 / 平方米，均属于可利用区。

3. 能源互补

西藏地区风能资源主要分布在藏北高原地区，而太阳能资源丰富的地区也在此地带，重合率较高。西藏已经开始同步开发太阳能资源与风能资源，这两种能源在西藏地区的互补性较好。采取风光互补发电的模式，不仅可以弥补了风能与太阳能独立发电系统在资源上的不平衡性、不稳定性，还可以在一定程度上减少太阳能组件容量，降低发电成本，而且充分利用场地和资源，同时获得了更加稳定的电能输出。

二、西藏风能产业发展沿革

西藏风能产业的发展主要体现在风能发电，从早期的利用到现在的大力发展，发展初期主要是小型风电站的修建与运维、风光互补电站的试点工作，为获取风能资源数据，风电站的选址，做好了准备工作。“十二五”时期以后开始在西藏开展风电场建设工程。

1. 风能产业发展初期

1982 年那曲地区科委引进两台风力发电机用来解决部分居民用电问题。从 1983 年至 1990 年，西藏地区共引进 219 台风机。1996 ~ 2000 年间，在那曲县建设了 2 个风力发电示范村，修建了 3 座风力发电试验基地，建成并投入使用的 4 千瓦风光互补发电站。西藏的阿里地区、日喀则地区、山南地区也先后引进数百台不同类型的风力发电机。小型风电的引进不仅解决了一部分居民的用电需求，也为风能开发利用，风能产业的发展提供了丰富的经验和技术上的支持。

2. 风能产业快速发展期

发展初期对风能的开发利用虽然并未进行大规模开展，仅仅只是解决当地地区部分供电问题。2002 年，西藏实施“送电到乡”工程，在那曲共建造 10 余座风光互补电站，风力发电总装机容量近 200 千瓦。2011 年，西藏开始示范和推广 1 千瓦的风光互补户用系统，该系统结束了以往户用系统不能用大容量电器的局面，使用风电机组和光伏组件的相互配合发电，并且示范了该系统在西藏应用的实用性和可靠性。同一年，由西藏能源研究示范中心承担的双湖风光互补供电系统正式完工。该项目的成功标志着风光互补发电系统在西藏的应用进入了一个新的阶段，单台离网型风电机组达到 10 千瓦[①]。2012 年，西藏国电在那曲高海拔试验风电场（4700 米）建设安装了 5 台 1.5 兆瓦风电机组，成功打破了西藏高原无大型风电场的历史，对发展清洁、可靠和多能互补的综合能源体系具有重要的发展意义，对西藏发展“高海拔、低风速”的风能应用起到了研究和示范作用。2013 年龙源那曲高海拔试验风电场位于藏北那曲县物流中心西北方向，由于此地风能资源蕴含丰富，设计安装了风力发电机组，装机容量 49.5 兆瓦。该项目进一步缓解藏北那曲的缺电问题。大型风电机组的安装、风电场的建设使得西藏在对风能开发利用上更为成熟，对西藏丰富风能资源的合理利用，不仅缓解了当地电力供应问题，为风能产业进入可持续发展时期，更加高效的开发利用提供理论基础和技术支撑。

3. 风能产业进入可持续发展期

从发展初期小型风力发电机的使用，到大型风电场的建成，风能也成为西藏重点开发利用的对象，西藏在《西藏自治区“十三五”时期风能发展规划》《2018 年政府工作报告》及《2020 年政府工作报告》提出要推动风能等可再生能源的开发利用；《西藏自治区“十三五”时期工业发展总

① 王俊乐，洛松泽仁 . 西藏风能资源及其开发情况浅析 [J]. 太阳能，2018（10）:15-17+71.

体规划》指出，要在具备条件的地方积极开展风电场建设，因地制宜多方式开发利用风能。西藏政府对风能开发利用的大力支持，为推动风能产业发展提供有力支持。

三、西藏风能产业发展现状

西藏在风能的开发利用上还处于起步阶段，在“十二五”时期对风能仅仅是勘测与实验为主，已建成的龙源那曲高海拔实验风电场0.75千瓦，“十三五”时期才有了大型风电场的建立，2020年8月三峡集团在山南市措美县建设的分散式风电场，于2022年1月首批机组并网运行，推动电力行业在高海拔地区进行电力探索。尽管西藏风能产业受到技术瓶颈的制约无法继续建造较大规模的风电场，但前期的技术支持可以使西藏在风光互补、水风光互补继续深入研究。《西藏自治区“十三五”时期风能发展规划》指出要大力发展水风互补，首先满足当地枯水期的电力匮乏。在汛期可搭配水电实现电力外送。为建成国家清洁可再生能源示范区，西藏“十四五”规划建议，大力推动“水风光互补”；有条件的风电试点可以研究风电供暖，可以改善偏远地区取暖问题；使风能资源可在新领域得到应用，推动风能产业持续健康发展。

（一）“十三五”时期风电基地建设

2018年4月西藏首例风电清洁能源发电项目开工建设，措美北控49.5兆瓦风电项目的正式开工建设，标志着西藏风力资源的开发和利用进入了实质性阶段，项目投产后风电场年上网电量为1.1亿千瓦时，年等效满负荷利用小时数达2284.5小时[①]。2020年8月三峡集团在山南市措美县（海

① 年等效满负荷利用小时数达2284.5小时[EB/OL].来源于北极星电力网.https://news.bjx.com.cn/html/20180629/909402-5.shtml，2018-06-29.

拔 4850 ~ 5500 米）建设的分散式风电场，项目总装机容量 22 兆瓦，于 2022 年 1 月首批机组并网运行，年上网电量达 5900 万千瓦时，每年可减少 1.83 万吨标准煤，减少二氧化碳排放 4.56 万吨。该项目不仅推动电力行业在高海拔地区进行电力探索，也使当地能源机构发生改变，丰富哲古湖旅游资源，具有良好的经济效益和环保效益，推动当地经济社会飞速发展，为西藏藏电外送和建设清洁能源基地打下坚实的基础。

（二）“十三五”时期风能产业其他方面现状

1. 政策现状

西藏关于风能资源开发的政策主要体现在 2006 年的《可再生能源法》及其配套法律、法规，而有关风能资源保护方面的规定主要体现在《气象法》和 2012 年颁布实施的《西藏自治区气候资源条例》。《西藏自治区“十三五”时期风能发展规划》指出要加大对风能资源的开发利用，开展对西藏风能资源普查工作，因地制宜多种方式应用风能，完善风电并网和消纳。2018 年 11 月西藏自治区人民政府发布《西藏自治区“十三五”时期应对气候变化规划》和 2019 年 2 月印发《西藏自治区打赢蓝天保卫战实施方案》提出要加大风能、太阳能等清洁能源开发利用力度，优化能源结构。西藏面向国家战略大力发展风能产业，但还是没有制定有效政策来激励科研人员对核心技术的研发。

2. 风能资源勘察现状

2022 年 3 月，“清洁能源现状与远景评价”专题风能资源科考队，通过测风塔实测数据分析、数值模拟和历史气象分析测得青藏高原风能资源技术可开发量 10.2 亿千瓦，其中西藏可开发量为 6 亿千瓦。西藏风能资源技术可开发量主要集中在那曲市和阿里地区，截止 2020 年上半年，西藏风电装机容量仅为 1 万千瓦。

3. 风能开发技术现状

西藏可开发风能资源均在海拔 4000 米以上，许多技术难题如风机表而抗老化能力、空气密度降低引起电气设备绝缘问题、高原气候温差较大引起的风轮机桨叶转动不平衡等技术问题仍需攻关，不仅需要政府对技术研发的大力扶持，提高风能产业自主创新能力，也需要建立公共技术服务体系为企业在西藏开发风能资源提供技术服务和技术保障。

西藏地广人稀，地形崎岖不平，建设输电杆塔以及长距离输配电投资和损耗都很大，技术问题和经济问题都成为风能开发制约因素。西藏风力发电规模虽逐渐扩大，但是风电传输问题也一直存在，由于西藏风电基地和主要负荷中心距离相差甚远，风电场附近地区电网结构薄弱，无法及时消纳大量电能，加上西藏电力以水电为主，火电厂较少，对电网调峰能力不足，同样也限制了风电消纳能力。

4．风光互补发展现状

《西藏自治区“十三五”时期风能发展规划》指出要大力发展水风互补，满足当地枯水期的电力匮乏，在汛期可搭配水电实现电力外送。随着利用清洁能源的快速发展，需要多能互补来实现清洁能源更加高效利用，西藏“十四五”规划和二〇三五年远景目标建议，大力推动“水风光互补”，快速推动藏电外送规模化发展，加快对多能互补技术的研究，推动产业发展。

四、西藏风能产业发展存在的问题

（一）风能资源评估不足

现有对风能资源采集的数据不够准确，有些地方记录数据存在数据缺失以及失真严重的现象，很多数据需要进行整理来推进对风能资源的调查与评价，根据风机运行数据来指定下一步工作计划。同时，全区风能资源分析不足以进行合理评估，只有建立在对风能资源足够掌握的基础上，实现各地区风能资源利用最大化。因此，对风能资源进行合理的评估是非常重要的。

（二）技术和经济性仍是最大制约因素

风能还处于规模化发展的起步阶段，虽然技术已有较大的提升，产业规模也越来越大，但风能资源在开发利用成本上仍然很高。资源分布不均、风电出力不连续、波动性、经济性差等特点，在现有市场环境下缺乏竞争力，缺少政策的大力支持与高水平技术的自主研发。

（三）自主创新能力不足

西藏在对风能资源开发利用中，自主创新能力的不足，这方面工作不够完善使得整个产业链不能正常运转，整个风能产业体系存在很大漏洞。西藏在风电机组设计过程中过多需要区外援助，相关技术应用不足于支撑自主开发，缺少对风能资源开发利用整体知识的掌握，导致西藏风能产业发展缓慢。

（四）风电公共技术服务体系尚未建立

从小型风力发电机的使用，到大规模风电场建造成功，在技术上的突破，运行数据资料需要通过公共技术服务平台来实现资源共享，该体系尚未建立，无法时刻交流经验，将在很大程度上阻碍风能资源的开发利用。

（五）安全性能较低

由于西藏风力发电技术还在发展阶段，对运行状况了解程度不够，许多风电场的运维质量以及技术人员的技术水平令人堪忧，存在很大的安全隐患。企业对员工自身管理有待完善，很多技术人员的操作不符合技术标准而导致的运行事故。加上风机叶片在温差较大的高原地区容易覆盖冰层，冰层的脱落也对工作人员造成一定的人身伤害。

（六）风光互补发展缓慢

风能和太阳能都是清洁能源，二者都作为西藏主要电力来源方式，风光互补可综合风能和太阳能的优势，即提高资源的利用率，也可以很好解决单独使用时受环境因素的制约。但由于技术、经济、政策等方面原因并未大量开展风光互补项目，风光项目的开展，可以为风能产业开拓更广阔的市场。

五、西藏风能产业发展对策

（一）对西藏风能资源全面勘测

建议政府部门，对西藏所有风能资源进行详尽的勘探，建立全面合理的资源评估体系。进行数据整理分析，在西藏风能资源具有开发利用的潜在区增加测风观测设备，增加风能资源储备，完善西藏风能数据库。开展风场测风工作，优化风场布局，对风能合理高效利用。

（二）政策支持与技术掌握

政府应该给与风能产业的发展提供政策支持，鼓励相关企业来西藏进行风能资源的开发，对相关企业提供土地，资源等支持，对支持自治区发展的相关从业人员给予物质和精神的奖励。不断加强政府简政放权的总体要求，加快建立各政府部门的协调管理机制，简化政府部门对风电企业审批手续，为风电项目健康有序开发提供良好的市场环境。不断鼓励企业自主创新，掌握并研发新技术，掌握高海拔风电装配的核心问题，基于物联网、大数据分析等智能化运行维护技术，掌握风电机组的自我诊断、故障检测与恢复等技术，掌握多机组协同控制技术。降低运行管理成本，风电开发的经济性。

（三）不断提高风能产业自主创新能力

推动技术自主创新和产业体系建设。不断提高自主创新能力，加强产业服务体系建设，培养风力发电相关技术人员，在国内国外相关产业学习，不断提升风力发电的质量，提升西藏风能产业的自主创新能力，全面建设成具有世界领先水平的高原风电技术研发基地，促进相关产业设备制造体系的完善。通过多学科交叉来提高产业的自主创新能力，应用互联网、3D打印等职能制造技术，全面提高风电机组的智能化水平。

（四）建立健全风能资源公共技术平台

加强公共技术平台建设，建设西藏风资源公共服务平台，搜集相关资料构建风能数据库，提供高分辨率的风资源数据，为电厂的建设提供相应的技术支持。要不断推进产业服务体系建设，优化咨询服务业，鼓励通过市场竞争提高咨询服务水平，进而提高咨询服务质量。创电力电量交易等专业化服务，做好市场管理与规则建设。创新运营模式与管理手段，充分共享西藏风能行业资源。

（五）重视风力发电安全管理

风力发电技术最根本的要求就是要创造一个安全的工作环境，这样在风能开发利用上有良好的发展前景。要加大对风力发电技术安全管理力度，监督员工的行为，保证员工的操作符合安全标准；定期对风力发电相关设备进行检修维护，加强风电场的安全隐患排除，以提高机组利用率、减少维修次数、降低安全隐患为目的。相关工作人员全面学习风电机组特性和原理，有利于人才培养，提高技术水平，可以及时发现机组运行时的不足，提早做出防范。

（六）大力推进风光互补项目

合理最大化利用西藏资源开发优势，选择开发建设条件好，效益高的风光互补的项目，并加快项目的建设。争取项目开发权，对能源布局合理规划，结合资源分布特点选择合适的互补形式；对电力市场进行大量研究分析，根据电网调度需求，控制发电上网规模，做好资源的高效利用。抓住有利政策积极开展风光互补开发建设，掌握风光互补先进技术，提高对项目的运行管理能力。

六、西藏风能产业典型案例

（一）西藏最大风光互补发电机组—那曲双湖发电机组

由自治区科技厅组织、西藏能源研究示范中心与美国远东博力风力有限公司合作承担实施的科技合作项目——“独立运行中小型风光互补发电系统合作”项目在那曲地区双湖行政区完成建设。风光互补发电系统夜间和阴雨天无阳光时由风能发电，晴天则由太阳能发电，在既有风又有太阳的情况下，两者同时发挥作用。已建成的风光互补发电机组单台风力发电机功率为 10 千瓦，该电站预计年发电量超过 18 万千瓦时，若以燃烧煤炭火力发电来计算节能减排效益，每年可节省煤炭 67.68 吨。

电站的建设使用，解决了双湖特别区政府机关、学校和城镇居民共 640 户 3092 人的用电问题，而且为区内应用风能资源提供了科学依据和实例[①]。

（二）世界海拔最高风电场—措美哲古风电场

由中国电建成都勘测设计研究院建设的世界海拔最高风电项目——西藏措美哲古分散式风电场首批机组并网发电，填补了国内和国际超高海拔风电开发领域的空白。哲古风电项目由三峡集团投资，位于山南市措美县哲古镇，地处海拔 4850 米至 5500 米之间，项目总装机 22 兆瓦，安装 10 台 2.2 兆瓦风电机组，配套建设 1 座 110 千伏升压站。

该项目投产后，每年等效满负荷利用小时数可达 2684 小时，年上网电量可达 5900 万千瓦时，每年可减少使用约 1.83 万吨标准煤，减排二氧化碳 4.56 万吨，具有良好的经济效益和环保效益[②]。

七、本章小结

本章从五个方面介绍了西藏清洁能源产业中风能的情况，首先对西藏风能资源进行了简介，总体上描述了在西藏大力发展风能资源的可行性；

---

① 尼玛潘多，我区最大风光互补发电机组投入运行 [EB/OL]，来源于“西藏日报”，转引于“西藏数字日报”，http://epaper.chinatibetnews.com/xzrb/xzrb/html/2011-05/29/node_4.htm，2011-5-29.

② 李梅英，世界海拔最高风电场并网发电 [EB/OL]. 来源于“西藏日报”. 转引于“西藏数字日报”.http://epaper.chinatibetnews.com/xzrb/202201/10/content_122944.html，2022-1-10.

之后对西藏风能产业的发展进行概括，阐述了其发展的历史，特别是近几年风能产业的大力发展情况，介绍了西藏风能产业的发展现状，以及西藏风能产业发展存在的问题，针对西藏风能产业发展提出合理对策，国家要给予政策支持，要鼓励高校科研机构积极研发适应于高原环境的材料，要合理开发合理利用，既要最大化利用自然的馈赠，又要保护大自然。

第七章　西藏地热能产业发展

西藏蕴含丰富的地热能资源，地热能开发符合生态环境保护要求，加大对于地热能的开发与利用也将促进地热能产业的发展。

本章主要介绍西藏地热能资源简介、西藏地热能资源产业发展沿革、西藏地热能资源产业发展现状，论述了西藏地热能资源产业发展存在的问题，提出了西藏地热能资源产业发展对策。

一、西藏地热能能资源简介

（一）资源概况

1．资源储量

西藏地热资源可采资源量为2.99亿千瓦，背景资源量为3096×10^{18}焦，折合标准煤1058亿吨。其中，藏南高温地热区可采资源有9860.26万千瓦，热储面积有303.09平方公里，背景资源量为1790.19×10^{18}焦；藏中中温地热区可采资源有11564.30万千瓦，热储面积有130.11平方公里，背景资源量为729.58×10^{18}焦；藏东低－中温地热区可采资源有7666.97万千瓦，热储面积82平方公里，背景资源量为469.70×10^{18}焦；藏北低温地热区可采资源有791.51万千瓦，热储面积5平方公里，背景资源量为106.98×10^{18}焦。西藏有高温地热系统129个，其中：热储温度大于200℃的有12个，在180～200℃之间的有28个。

2．资源分布

西藏地热蕴藏量居我国首位。以班公湖—怒江断裂带和冈底斯—念青唐古拉构造带为界，将西藏地热资源区分为藏南高温地热资源区、藏中中温地热资源区、藏北低温地热资源区和藏东低－中温地热资源区。其中，藏南高温地热区共有地热显示区 312 处，有实测资料的 204 处。热储温度高于 150℃的显示区 65 处，占 34.76%；90 ～ 150℃的 106 处，占 56.68%；低于 90℃的 13 处，占 7%。藏中中温地热区共有地热显示区 88 处，有实测资料的 32 处，热储平均温度为 120.19℃。藏北低温地热区共有显示点 52 处，当代地热活动仅 26 处。藏东低－中温地热区共有显示区 220 处，有实测资料的 100 多处。

3. 发电潜力

西藏地热发电潜力巨大，山南 8 万千瓦、日喀则 16 万千瓦、那曲 2.7 万千瓦、那里 9.2 万千瓦、拉萨 4.7 万千瓦、昌都 75 万千瓦，总发电潜力超过 40 万千瓦[①]。藏南地区的地热发电潜力在 10 ～ 200 万千瓦，

（二）地热资源特点

1. 温度高

西藏超过沸点的地热显示点已发现 36 处。其中西藏羊八井、羊易地热田就为高温地热展示区，已探明储热温度超过 150℃。

2. 类型多

西藏地热有水热爆炸，例如羊八井热水塘；间歇喷泉，如昂仁县切热乡搭格架间歇泉是中国已发现的最大间歇温泉；高原沸泉，分布在冈底斯山一带，如萨嘎县达吉岭乡如角藏布一支流；沸泥泉，措美县布雄朗古和萨迦县卡乌泉塘；地热蒸汽，分布在冈底斯山及念青唐古山南麓一带。

3. 分布广

西藏境内各县均发现有地热显示点，比较集中的分布地区是藏东“三江”地区、阿里地区和雅鲁藏布江谷地。

① 郅海杰 . 资源环境约束下的西藏能源产业发展战略研究 [D]. 北京理工大学，2016.

4. 放热强度大

西藏地热放热强度位居中国首位，有些地热显示区的天然热流量达到107 ~ 108卡/秒。

二、西藏地热能产业发展沿革

（一）发展初期

中央提出："要充分利用水力、地热资源，发展动力和燃料工业"。1975年4月，为解决拉萨市电力供应紧缺的矛盾，国家进藏考察后建议开发羊八井地热发电工程。第1台容量为1000千瓦的羊八井地热电站于1977年10月试运成功，采用单级扩容法热力系统。但是试运以来由于地热井井下结垢，使得最大稳定出力维持在800千瓦且热效率很低。1978年试制成功空心机械通井器，消除了地热井的结垢问题，机组出力一直稳定在1000千瓦，热效率约为3.5%。2×3000千瓦机组采用双级扩容法热力系统，分别于1981年和1982年相继投产，并且一直满负荷运行。

（二）快速发展期

1984年后完成了羊八井地热电站三，四，五期扩建工程的设计任务，机组单机容量均为3000千瓦。2003年羊八井地热电站装机容量已达到9台共2.518万千瓦，累计发电30亿千瓦每小时左右。在此时期，羊八井电站自发电以来，供应了拉萨市用电量的50%左右，对缓和拉萨市供电紧张的状况起了很大作用，尤其是在风枯水干季节利用地热能发电，极大促进了供电能源互补，效果良好。

（三）可持续发展期

羊八井地热电站2005年、2006年、2007年和2008年的发电量分别为1.154、1.261、1.158和1.436亿千瓦每小时。2009年发电1.419亿千瓦每小时，2013 年每年发电量为 1.15 ~ 1.26 亿千瓦每小时，年运行超过 6000 小时[①]。2018 年 10 月，西藏羊易地热电站 16 兆瓦机组工程正式并网发电[②]。随着西藏城镇化快速发展，地热集中供暖、温泉康疗及景观旅游等与地热相关的产业也在快速发展，其中错那县利用当地地热资源优势，于 2017 年实现地热集中供暖。当雄县是西藏著名的温泉康疗景区，2020 年 7 月景区每天接待近 400 名旅客，酒店入住率达到 70% 以上。这对改善民生用能条件、构建可持续发展的能源体系、促进西藏经济社会发展和长治久安都有积极作用。

三、西藏地热能产业发展现状

（一）地热能开发利用现状

西藏地热资源丰富。据 350 个显示点统计，温泉总流量为 2 × 104 升 / 秒，地热能总流量为 276.28 × 104 千焦 / 秒，相当于每年 300 万吨标准煤，发电潜力为 800 兆瓦。西藏先后建立了 4 座地热电站，累计装机容量为 46.18 兆瓦；羊八井地热电厂和羊易地热电厂是正在运行中的两座地热电厂，总装机容量为 43.18 兆瓦，现有装机容量为 42.18 兆瓦[③]。截至 2020 年，阿里地区电力总装机容量 59.67 兆瓦，电网覆盖率达到 97%[④]。羊八井地热电厂在周边建设了国家级地质公园，让更多游客领略到中国高原“黄石公园”的魅力，在地热能综合利用方面，进行温泉旅游开发，建设羊八井特色温泉小镇，蓝色天国度假区也极大地促进了拉萨周边的周末游经济。“十三五”期间，

---

① 郅海杰 . 资源环境约束下的西藏能源产业发展战略研究 [D]. 北京理工大学，2016.

② 中国能建西南院设计西藏羊易地热电站机组工程并网发电 [EB/OL]. 来源于中国能建 .https://news.bjx.com.cn/html/20181011/933107.shtml，2018-10-11.

③ 我国地热能开发利用现状与未来趋势 [EB/OL]. 来源于能源杂志 . http://mm.chinapower.com.cn/zx/hyfx/20220311/138322.html，2022-03-11.

④ 西藏阿里电亮之路 [EB/OL]. 来源于中国西藏网 .https://m.thepaper.cn/baijiahao_9265094，2020-09-20.

重点对青藏铁路沿线的羊八井、羊易、宁中和古露4个高温地热田和措美县的古堆高温地热田进行开发利用，实现羊易电站投产。研究、应用地热发电新技术，重点开发中、高温地热资源。推进羊八井、羊易、玉寨、谷露、古堆等中深层地热发电项目的前期工作，除建成装机容量3.2万千瓦的羊易地热电站外，在地热能发电装机规模有新突破；推进狮泉河镇地热供暖项目。利用浅层地热及地表热泉，积极开展城镇供暖和在工业、养殖（种植）业、旅游业等产业的利用，拓宽地热利用领域。

（二）地热能在其他方面的开发利用

根据地热资源特点和当地的需要，因地制宜地开展地热能的开发利用，促进产业多元化发展。地热能除发电外，还可用于供暖、种养、洗浴、康复理疗与旅游、天然饮用矿泉水、和与地热有关的矿产资源等，地热开发利用前景广阔。

1. 地热集中供暖

2016年，错那县城实施了地热供暖一期试点工程，总投资5000万元，供热面积4万平方米，重点对中小学教学楼以及学生宿舍、县人民医院门诊楼及住院部、五保户集中供养综合服务中心等单位进行供暖。2017年，实施地热供暖二期工程，总投资1.6亿元，供暖面积22万平方米，为县城干部职工周转房、公租房、廉租房以及县政府机关进行供暖，室内平均温度为20至26℃，工作和生活环境较为舒适。

2017年，当雄县城开始建设地热能供暖工程，一期工程于2018年正式供暖，投资3000余万元，供暖面积约4万平方米，为当雄县中学和部分政府机关供暖。二期工程2019年完工，供暖面积约13万平方米，投资约1.3亿元，向30多家单位提供服务①。

①总投资1.6亿元！拉萨当雄县城地热供暖项目一期实现供暖[EB/OL].来源于拉萨日报.https://www.chplaza.net/article-2609-1.html，2019-02-18.

2. 种植业和养殖业

羊八井地热电厂利用发电尾水给温室供暖，建成地热温室4万平方米，种植西红柿、辣椒、黄瓜、白菜等，亩产蔬菜1万余斤，种植的蔬菜口感良好，为地热电厂、当地政府和驻军单位供应时鲜蔬菜，提高了广大干部和职工的生活质量。羊八井还利用废弃生产井中的地热水养殖罗非鱼，在丰富当地居民菜篮子的同时，也取得了良好的经济效益。

3. 洗浴、康复理疗与旅游

西藏有着悠久的温泉洗浴历史，温泉洗浴也是大家所喜爱的休闲娱乐活动之一。地热水与普通地下水不同，在特殊的循环通道和水岩相互作用下，地热水富含一定的矿物组份，具有康复理疗效果。

随着休闲旅游业的快速发展，西藏多地建起了温泉度假村、温泉山庄和养生馆，在提供丰富多彩的温泉休闲娱乐活动的同时，也带动了地方经济的发展。据初步统计，全区至少有30余处温泉进行了规模化开发利用，如当雄县羊八井和宁中温泉，堆龙德庆区邱桑温泉，墨竹工卡县日多和德仲温泉，桑日县沃卡温泉，谢通门县卡嘎温泉，拉孜县锡钦温泉，定日县鲁鲁下温泉，亚东县康布温泉，岗巴县龙中和孔玛温泉，聂荣县玉寨温泉，尼玛县马尔作温泉，八宿县多拉神山温泉、丁青县古布卡温泉、布托村温泉，江达县觉拥和嘎四温泉，类乌齐县伊日温泉，左贡县塔鲁温泉，洛扎县色乡温泉，曲松县色吾温泉，芒康县曲孜卡等。更普及的温泉洗浴则是当地百姓因地制宜修建起来的简易温泉水池。墨竹工卡县日多温泉商家还从温泉水中提取出矿物质结晶粉，销售给游客回家自行配制温泉水，在家也能泡温泉。

4. 与地热有关的矿产资源

羊八井地热田已开采出高品质的硫磺矿和高岭土矿，这些都是高温水热蚀变的产物。西藏温泉水普遍富含锂、铷、铯、锶、硼等组分，昂仁县搭格架温泉和那曲市色尼区古露温泉区大就面积出露的富铯硅华，被认定为具有很高的铯矿开采价值。

四、西藏地热能产业发展存在的问题

（一）管理体制不够健全

地热能资源是分布在多个政府部门管理权限下的跨区域资源。商业开发利用往往受到多种政策法规的影响，造成行业产能信息收集不完整，严重影响了行业协会的信誉，削弱了政府与企业之间的桥梁作用。并且各部门在地热行业管理中的主要职责不明确，导致许多政策法规限制了企业的发展。

（二）勘测难度较大

裂隙型热储中地热流体的分布由于受到断裂的严格控制而极度不均匀，离开断裂带位置马上就会出现资源不足甚至没有资源的情况，这些都会加大勘探的难度。如羊易地热田老井 203 井，井口压力和温度都是制约钻井的因素，受制于地质环境，钻井难度大，成井率低，开发较为落后。

（三）技术水平有限

西藏面积大、人口少、产业弱、无负荷，地热能产业起步较晚，技术相对薄弱，产业结构落后。许多高温地热地区远离人口密集的城镇，传输距离太远，导致经济性较差，技术水平严重影响了西藏地热能源的开发。以羊八井为例，由于技术问题未回灌，电厂尾水 80℃，排放量每年 500 ~ 600 万吨，造成热能资源浪费、环境污染、地下水热资源衰减明显。用于采取、输送和发电的各种设备都遭到不同程度的腐蚀和结垢，从而影响正常生产，大量消耗各类器材，甚至造成事故。目前许多生产井都因此而减产，如 ZK315 孔在使用两年后就因结垢封闭而停产，那曲地热电站因结垢废弃。

（四）激励政策欠缺

与其他清洁能源相比，地热能开发利用产业发展扶持力度不足，财税、价格方面的支持力度不大，加上地热能资源开发利用存在勘探风险大、开发投资期长、初投资大等不利因素，社会资本的投入很少，对地热能开发利用企业造成较大压力。

（五）缺乏专业产业人才

西藏地热能行业发展相对缓慢，现有的地热能技术人才，之前多数是矿业、能源、电力等相关行业，因此缺乏系统的地热能知识，对地热技术的创新水平不够，对地热能产业发展带来了一定困难。此外，西藏地热能队伍还存在人才储备不足等问题，迫切需要解决人才质量和数量与西藏产业发展需求不匹配的问题。

（六）环境问题严峻

地热开发过程中可能会产生高原水质污染、地面沉降等环境问题，地热流体下渗污染当地的地下水。以往粗放式的地热利用，会导致溶解在地热水中的二氧化硫、硫化氢等有害气体挥发，造成空气污染。因此，地热开发工作需要提前考虑对地面和地下水环境的保护。

五、西藏地热能产业发展对策

（一）明确政府部门职能

各政府部门、协会在地热能产业发展规划中的主要职责不明确，从而影响了西藏地热能产业的发展。由于地热是一种多属性资源，受不同的政府部门管辖。应制定专门的立法和专项引导政策，明确各部门职责范围，设立引导基金。以“一带一路”为契机，帮助相关企业走出去，开拓海外市场份额。加强协会的桥梁作用，全面地收集和整理企业的相关信息，为制定西藏地热能产业政策提供数据支持；提升协会的服务意识和服务能力建设，及时反映地热能源开发利用中遇到的难题；积极维护地热行业形象，在明确各组织管理职能的基础上，加大组织、协会、企业之间的联系，创造良好的市场环境，引导行业绿色发展。

（二）加强地热能资源勘查

加强地热能资源勘探的财力和人力支持，深刻总结西藏地热能资源勘探的特点，加强地热能资源分布和机理的研究，采取新理论、新方法和新设备来提高勘探地热能的评价效率。对西藏地热资源进行勘查的基础上，建立政府部门地热能资源数据归档，结合西藏地热资源现状和特点配置地热资源，为产业科学制定中长期目标发展提供信息支持。

（三）提高保护环境的监管力度

坚持地热能资源开发利用与环境保护并重，加强地热能资源开发利用全过程的管理，完善技术标准，提高地热能开发利用的科学性。要增强环境保护工作，对勘查、开发阶段可能对环境造成污染的环节进行监管，积极推广地热尾水回灌技术，切实保护环境。使得西藏地热资源能够向良性、可持续方向发展。

（四）加大科技创新能力

在科技创新方面，要持续加大科研投入，制定鼓励政策，提高地热能企业自主科研的积极性。根据企业业务需要，提高应用技术水平，使科研成果实现商业价值，研发高热钻井技术装备，加强干热岩等深部资源勘探利用投入，确保先进技术、核心装备知识产权和自主生产，扩大地热能在农业、商业、工业等领域的应用场景，实现对地热能资源的低成本开发和高效利用。

（五）提高人才培养质量

虽然地热能产业在快速发展，但是西藏专业技术人才短缺较为严重。因此，需要注重技术人才的培养，充分发挥高职院校在人才培养上的巨大优势，培养满足相关企业需求的技术人才。通过在线教育、短期培训等方式，加强员工的相关专业技术水平；长期培训应结合国家地热能产业的长远规划和发展趋势，制定相关人才培养方案，为国家地热能资源的高质量开发利用提供人才储备。

六、西藏地热能产业典型案例

世界上海拔最高的地热电站——羊八井地热电站

羊八井地热电站位于拉萨市西北约90公里的当雄县境内，海拔4300米以上，安装机组9台，总装机容量2.518万千瓦。截至2019年5月，累计发电量达到34.11亿千瓦时，减排二氧化碳约340万吨[①]，是世界上海拔最高的地热电站。

羊八井地热电站利用发电尾水给温室供暖，建成地热温室4万平方米，为当地供应时鲜蔬菜，提高了人民群众的生活质量。羊八井还利用废弃生产井中的地热水养殖鱼类，也取得了良好的经济效益。自1975年热田开发利用以来，羊八井地热电站对缓解拉萨地区用电紧张的状况，改变冬季枯水期、用电高峰期拉萨严重缺电的局面，起到了重要的作用。生产井中的地热水养殖鱼类，部分鱼类在温水里生长迅速，随着交通条件的改善，鱼类销路良好，也为当地居民带来了收益。

羊八井地热电站揭开了我国利用浅层地热资源发电的序幕，是我国自主勘探开发的第一个高温热田，在国际上开创了利用中低温地热发电的先例。

七、本章小结

本章首先介绍了西藏地热能资源，包括地热能资源储量、资源分布情况，地热能资源产业的发展沿革和发展现状。其次，论述了西藏地热能资源产业发展存在的问题，包括地热能行业秩序混乱、管理体制缺失，国家扶持力度不足，深部地热资源勘探不足，西藏技术有限，产业结构不足及

① 羊八井地热发电试验设施成国家工业遗产[EB/OL]. 转引于西藏商报.http://www.jiuaidujad.com/readPaper.do?id=D7A813A6E68C06E2F65B9568F9079C0BBB5912AC149857048412A0FD1E6B08EF436BBFDED206F120DE6A355D7530C856，2019-12-23.

缺少地热能产业人才等。最后，针对西藏地热能资源产业发展存在的问题，提出产业发展对策，包括明确政府各个部门职能，引导产业良性发展，加强地热能资源勘查的同时，切实保护环境，使得地热资源能够良性可持续发展，摸清地热能资源分布、提升科技创新能力，推动地热能产业发展及推动学科建设，提高人才培养质量等。

第三篇　展望篇

第八章　西藏清洁能源产业高质量发展

通过创建国家可再生能源利用示范区，做到高原经济高质量发展走在全国前列；通过构建区域发展新格局，建设国家重要清洁能源基地，做到生态文明建设[①]走在全国前列。根据国家能源局的国能综通新能〔2020〕29号通知，“十四五”是推动能源转型和绿色发展的重要窗口期，也是风电和光伏全面发展的关键时期。

1．开发及利用

首先在区域能源供应方面，推进用户侧（负荷）直接就近利用分布式可再生电力、热力、燃气等，提升可再生能源利用率。其次在可再生能源资源配置范围方面，结合新型储能技术和西藏各地区实际，加大生物质、地热能、太阳能等非电利用方式在清洁取暖中的比重。

2．重要举措

扩大可再生能源跨省区资源配置规模、提升本地消纳能力，提升系统调峰能力，可采取电源侧火电灵活性改造、水电扩机改造及抽水蓄能等储能设施建设。

3．网架建设

网架建设的重点在电网侧和用户侧。为提升跨区域电网输送能力及优化调度运行机制，电网侧主要研究和完善省内、区域电网主网架；为展现和挖掘需求侧灵活性、可再生能源消纳空间，用户侧主要结合用能新模式，

---

① 中共西藏自治区委员会关于制定国民经济和社会发展“十四五”规划和二〇三五年远景目标的建议 [N]. 西藏日报（汉），2021-01-14（001）.

如新型用电领域、电力需求侧响应、综合能源服务等。

一、西藏清洁能源产业高质量发展原则

（一）指导思想

西藏清洁能源产业高质量发展以习近平新时代中国特色社会主义思想为指导[①]，全面贯彻中央第七次西藏工作座谈会精神，深入贯彻落实习近平总书记重要指示批示精神，围绕西藏清洁能源产业高质量发展这一中心，坚持“四个革命、一个合作”的能源安全新战略指导，统筹推进“五位一体”总体布局，协调推进“四个全面”战略布局，坚定不移贯彻创新、协调、绿色、开放、共享新发展理念[②]，坚持以推进供给侧结构性改革为主线，全面提升西藏地区的能源供应水平，按照“三个赋予、一个有利于”要求，全面加快清洁能源发展，保障群众用好电的同时，增加群众收入，巩固脱贫攻坚成果、推进乡村振兴。着力推进“四个创建”、努力做到“四个走在前列”[③]，抓好“四件大事”、实现“四个确保”，为大力发展清洁能源产业奠定良好的基础。主动参与全国电力市场，深度融入国内经济大循环，积极为实现“碳达峰、碳中和”目标贡献西藏力量。

（二）发展原则

西藏清洁能源产业结合当前实际区情，始终坚持“四个革命、一个合作”的能源安全新战略，始终把生态优先，绿色发展放在首位，同时对接西藏“十四五”经济社会发展规划，坚持新发展理念。聚焦发展不平衡不充分

---

① 中共西藏自治区委员会关于制定国民经济和社会发展“十四五”规划和二〇三五年远景目标的建议[N]. 西藏日报（汉），2021-01-14（001）.

② 西藏自治区国民经济和社会发展第十四个五年规划和二〇三五年远景目标纲要[N]. 西藏日报（汉），2021-03-28（001）.

③ 王君正参加山南代表团讨论党代会报告时强调深入贯彻党的十九届六中全会精神 在“四个创建”“四个走在前列”中作表率为西藏长治久安和高质量发展贡献山南力量[N]. 新西藏（汉），2021-12-05（001）

问题，以正确处理好“十三对关系”为工作方法，以推动高质量发展为主题，以“提升新高度思想、立足新发展阶段、贯彻新发展理念、构建新发展格局”为发展原则，全面推动清洁能源产业高质量发展[①]，力争实现“碳达峰、碳中和”目标任务。

1. 思想提升新高度

2017年习总书记反复强调，保护好西藏的生态环境，始终要牢固树立绿水青山就是金山银山理念，切实保护好“中华水塔”。2019年中国西藏发展论坛提出“西藏是重要的生态安全屏障”，第七次西藏工作座谈会上再次提出“西藏是重要国家安全屏障和生态安全屏障”。为西藏的清洁能源产业的壮大发展提供了根本遵循，站在“一带一路”高质量发展的前沿阵地上，坚守生态理念，科学优先发展西藏清洁能源，打造绿色产业体系。同时，西藏清洁能源产业在加强自主创新，降低清洁能源生产成本和相关技术人才等方面，要注重顶层设计，鼓励技术、机制创新，促进能源结构调整的内在要求，实现西藏清洁能源产业的绿色发展。

2. 立足新发展阶段

西藏清洁可再生能源可开发量10亿千瓦以上，远期可建设千万千瓦级能源基地（1亿千瓦水电、2亿千瓦光伏），每年可为全国输送1万亿千瓦时的清洁电力，截至2020年底，西藏电力装机容量达到401.85万千瓦，累计外送电量65亿千瓦时。同时，在保护生态的前提下，合理开发清洁能源配套产业，构成清洁能源产业链。从上游开发清洁能源的材料、技术、设备，到中游相关太阳能电池及组件的制作、风机组装与运输安装、水轮机的调试、氢能的存储，再到下游各类清洁能源的利用，无论是区内自主消纳，还是区外运输，都应该形成完整的产业链，确保清洁能源的利用。

① 西藏自治区国民经济和社会发展第十四个五年规划和二〇三五年远景目标纲要[N]. 西藏日报（汉），2021-03-28（001）.

开发清洁能源的配套产业，不仅可以促进清洁能源的开发利用，在很大程度上缓解清洁能源的消纳问题，还可以拓宽就业途径，为当地居民生活水平的提高贡献力量。

3. 贯彻新发展理念

党的十八大坚持“创新、协调、绿色、开放、共享”的发展理念。党的十九大提出“必须树立和践行绿水青山就是金山银山的理念”。在西藏清洁能源产业高质量发展中更加突出绿色发展理念，加强能耗管理工作，建立健全绿色低碳循环发展的经济体系，继续推进能源生产与消费革命，建设清洁、低碳、安全、高效的现代能源体系。

4. 构建新发展格局

坚决贯彻国家对西藏高质量发展要求，充分结合西藏发展实际和“十四五”规划发展思路，加快推进西藏清洁能源基地建设中长期规划（2020 ~ 2035 年）编制工作，积极推动西藏“碳达峰、碳中和”专项研究成果转化。有效整合政府、社会力量形成协同推进生态环保的大格局。

二、西藏清洁能源产业高质量发展目标

当今能源发展正处于大变革时期，能源转型突出“高效、清洁、多元化”的特征，绿色能源发电已然成为全球发电的重要力量。各国及各地区将绿色、低碳、清洁化能源转型作为现阶段极为重要的目标。

（一）总体目标

中央第七次西藏工作座谈会上，将新发展理念和绿水青山就是金山银山的理念贯彻于西藏清洁能源产业高质量发展中，实现“2025 年实现建成和在建电力装机容量 2500 万千瓦以上”总体目标[①]。在中国共产党西藏自

① 2025 年实现建成和在建电力装机容量 2500 万千瓦以上 [EB/OL]. 来源于北极星太阳能光伏网 . https://guangfu.bjx.com.cn/news/20220210/1203572.shtml，2022-02-10.

治区第十次代表大会上，加快电力外送通道建设，着力建设国家清洁能源基地，打造新型电力系统示范区、清洁可再生能源利用示范区，已建在建电力装机容量突破 3000 万千瓦，外送能力突破 500 万千瓦[①]。同时推动实现“双碳”目标，虽然西藏尚无碳达峰的基础，但可直接采用绿色能源替代。因此，立足于西藏区情和发展阶段特征，积极统筹把握好“发展”和“减排”的平衡，为实现“双碳”目标贡献西藏力量。

（二）西藏清洁能源产业发展目标

实现清洁能源产业“一高地、两示范、一基地”的战略目标。即：打造高质量清洁能源产业发展高地、构建高标准清洁能源利用示范区和新型电力系统创新发展示范区、建成高价值清洁能源基地，率先实现“碳达峰、碳中和”等远景目标。

三、西藏清洁能源产业高质量发展思路

（一）总体思路

深入贯彻习近平总书记“三个赋予、一个有利于”的重要指示，突出质量第一、效益优先，推动高质量发展，使发展成果更好惠及全体人民，不断实现人民对美好生活的向往。

（二）发展思路

1. 构建区域发展新格局

藏东清洁能源开发区加快完善流域规划布局，推动雅鲁藏布江、金沙江、澜沧江等流域水风光综合开发，快速推动藏电外送规模化发展，建设国家重要的清洁能源接续基地。

② 在中国共产党西藏自治区第十次代表大会上的报告 [EB/OL]. 来源于中国西藏新闻网 . http://www.xzxw.com/zw/zwyw/202112/t20211203_3975190.html，2021-12-03.

2．加快基础设施建设

加快电源、电网、油气等基础设施建设，加大清洁能源规模化开发，形成以清洁能源为主、油气和其他新能源互补的综合能源体系，2025 年建成国家清洁可再生能源利用示范区[①]。

3．推动高原优势产业加快发展

着力推动高原优势产业之一的清洁能源产业高质量发展，编制西藏特色清洁能源产业发展规划，立足资源禀赋，发挥比较优势，推动清洁能源产业成为经济增长的重要引擎、转型发展的重要动力、人民幸福生活的重要指标、国民经济的重要支柱产业、高质量发展的亮点和标志。

四、西藏清洁能源产业高质量发展重点任务

根据国家能源局发布的《关于促进西藏能源高质量发展的指导意见》，意见提出从资源供应体系建立、清洁能源基地建设、能源基础设施完善、服务保障等四个方面考虑，部署了六个方面的重点任务：

（一）完善资源供应体系，提升本地能源保障能力

提升综合能源供应保障能力。加快电源、电网、油气等基础设施建设，加快清洁能源规模化开发，形成以清洁能源为主、油气和其他新能源互补的综合能源体系。

（二）强化多能协同发展，加快清洁能源基地建设

大力发展清洁能源及多能协同发展。推动雅鲁藏布江、金沙江、澜沧江等流域水风光综合开发，快速推动藏电外送规模化发展，建设国家重要的清洁能源基地。

① 西藏自治区国民经济和社会发展第十四个五年规划和二〇三五年远景目标纲要 [N]. 西藏日报（汉），2021-03-28（001）.

（三）推进科技创新和示范应用，推动能源消费转型升级

加强科技创新，提升能源供给效率。加大对清洁能源技术研发扶持力度，积极采用投资抵免、加速折旧等方式鼓励企业积极投入清洁能源技术的开发和设备制造。加快示范项目建设。加快清洁能源规模化开发，开展清洁能源发电示范工程建设，以示范项目带动产业发展。优化西藏能源结构，将能源消费转型升级成以清洁能源为主要消耗能源，实现清洁能源电气化。

（四）强化边远地区用能保障，改善民生用能条件

以应用强化边远地区用能产业发展和改善民生用能条件。实施分布式光伏应用项目建设，实现边远地区用电自给自足。

（五）创新能源管理和服务，落实配套支持政策

加强创新能源管理和服务的组织领导，落实配套支持政策。自治区加强对能源管理和服务的组织领导，自治区人民政府监督各相关部门加强与国家能源局派出机构的分工协作，加强与电网企业、发电企业、用电企业等各方面的协调沟通，充分调动各方面积极性，做好工作衔接，形成工作合力。按照《可再生能源法》要求，根据《中华人民共和国国民经济和社会发展第十四个五年规划纲要》《能源发展“十四五”规划》及《西藏自治区国民经济和社会发展第十四个五年规划和二〇三五年远景目标纲要》等文件精神，在综合试点和专项试点方案基础上，结合实际完善配套措施，确保创新能源管理和服务取得实质性突破。

（六）完善能源援藏机制，强化精准帮扶和技术支持

加大招商引资力度。统筹规划清洁能源产业集聚区，为完善西藏能源机制建设、精准帮扶和技术支持等各方面做出贡献。继续深入贯彻落实习近平总书记关于西藏工作的重要论述和新时代党的治藏方略，认真做好稳定、发展、生态、强边“四件大事”，加快推进清洁能源开发和“央企进藏”。吸引多家大型电力央企在“十四五”期间，进一步加强各方战略合作，扎

实推进条件具备的水电与新能源项目建设，助力培育乡村振兴中的产业“造血”功能，推进自治区的高质量发展，实现互惠互利、合作共赢。

第九章　西藏清洁能源产业未来高质量发展路径和对策

西藏清洁能源产业已由跨越式发展转向高质量发展，结构绿色化、系统智能化特征越来越突出，迎来了发展的机遇，又面临着严峻的挑战。人民对美好生活的向往、电气化水平的不断提高、能源转型、多能互补、清洁能源基地、“西电东送”以及清洁能源示范区等，都是西藏清洁能源产业高质量发展的重大契机，但同时面临如何构建新型电力系统、基础设施建设、消纳通道建设、电网较薄弱等突出问题。

因此，西藏清洁能源产业要抓住历史机遇，遵循“四个革命、一个合作”能源安全新战略，持续推进能源结构优化和升级，不断完善清洁能源产业扶持政策，扩大清洁能源产业应用规模，大量减少二氧化碳排放，推动实现西藏清洁能源产业高质量发展。

一、西藏清洁能源产业高质量发展路径

（一）清洁能源产业高质量发展意义

大力发展清洁能源对促进西藏经济社会发展意义重大。因西藏清洁能源以水电和光伏为主要构成，故本报告以 2015 ~ 2020 年西藏水电和光伏的装机容量、清洁能源发电量、电力消费量发展及 2011–2020 年西藏地区 GDP 等方面为例，分析清洁能源对西藏经济社会的发展并对 2021–2025 年的西藏水电和光伏的装机容量、清洁能源发电量、电力消费量发展进行预测分析。

1. 西藏清洁能源发展预测的意义

在“双碳目标”驱动下，大规模发展清洁能源势在必行。人们生活水平的不断提高，用电量以及用电负荷在不断增加，而要保证为人们提供可靠的电力能源，则需要电量能源的供给达到要求。西藏清洁能源发展预测，可以在年电量平衡层面预留新能源消纳空间，是满足更大规模清洁能源并网运行的重要技术手段；可以对水电、光伏等清洁能源的开发利用提供依据；为自治区清洁能源基地的建设、2025 年建成国家清洁可再生能源利用示范区的目标提供参考。通过对西藏地区 GDP 预测结果的分析，可以把握该地区未来经济发展的特征，并为该地区经济发展政策规划提供科学的决策依据。通过对西藏清洁能源装机容量的预测，不仅可以保证电量的供应，推动雅鲁藏布江、金沙江、澜沧江等流域水风光综合开发，快速推动藏电外送规模化发展，还可以为西藏清洁能源基地的建设提供参考。因此，对西藏清洁能源发展预测是十分必要的。

2. 西藏水电、光伏装机容量分析

2015 ~ 2020 年水电、光伏装机容量如（表 9–1）[①]。从表 9–1 可知，在自治区的大力支持下，西藏水电、光伏装机容量呈逐年递增的趋势。将水电和光伏装机容量逐年对比可以发现，水电装机容量明显高于光伏装机。在 2015 ~ 2020 年期间，光伏装机容量明显大幅提高。其中，2015 年光伏装机容量仅为水电装机容量的 12.5%，而到了 2020 年，光伏的装机容量可以达到水电装机的 75%。通过分别对比光伏、水电在 2015 ~ 2020 年的装机容量可知，光伏装机容量增幅较快。其中，与 2015 年相比，2020 年的光伏装机容量增加了 87%。同时水电装机容量也呈明显上升趋势。2015 ~ 2016 年增幅 15%，发展幅度较大，而 2016 ~ 2020 年平均增长率

① 2015 年至 2020 年水电、光伏装机容量 [EB/OL]，来源于国家能源局，http://www.nea.gov.cn/2019–03/19/c_137907428.htm，2019–03–19.

仅为 4%，发展幅度放缓。

表 9–1 清洁能源装机容量表

时间（年份）	光伏装机容量（万千瓦）	水电装机容量（万千瓦）
2015	17	135
2016	33	156
2017	80	158
2018	98	171
2019	110	171
2020	137	182

3．西藏清洁能源发电量与电力消费量分析

2015 ~ 2020 年清洁能源的发电量及耗电量如（表 9–2）[①]。随着清洁能源装机容量的增加，其发电量也呈逐年递增趋势，特别是 2019 年，清洁能源的发电量达到 85.51 亿千瓦时，较 2018 年发电量增加了 28%。2015 ~ 2020 年间，西藏清洁能源发电量年均增长 8 亿千瓦时，年均增长率达到 14%。随着党对西藏工作的不断深入，第七次西藏工作座谈会的展开，西藏经济社会取得突飞猛进的进步，电力消费量增速较快，2020 年比 2015 年增加了 1 倍多，消费量达到 82.45 亿千瓦时，年均增长率达到 15%。

表 9–2 清洁能源发电量及电力消费量

时间（年份）	发电量（亿千瓦时）	电力消费量（亿千瓦时）
2015	45	40.53
2016	54.48	49.22
2017	55.66	58.19
2018	66.64	69.02
2019	85.51	77.6
2020	88.9	82.45

① 来源于西藏统计年鉴，https://www.chyxx.com/industry/202010/901491.html.

4. 西藏水电、光伏装机容量预测

截至 2020 年底，水电装机容量 182 万千瓦、光伏装机容量 137 万千瓦。根据 2015 ~ 2020 年光伏和水电的装机容量，对 2021 ~ 2025 年的光伏装机容量和水电装机容量进行预测，预测结果如表（表 9–3）。

表 9–3 清洁能源装机容量预测表

时间（年份）	光伏装机容量（万千瓦）	水电装机容量（万千瓦）
2015	17	135
2016	33	156
2017	80	158
2018	98	171
2019	110	171
2020	137	182
2021	162	191
2022	186	199
2023	210	208
2024	234	217
2025	258	225

预测结果表明，在未来五年内，光伏、水电的装机容量将会继续发展，光伏增速较快，而水电增速放缓，说明光伏逐渐要成为西藏清洁能源中的第一大电源。据预测，在 2023 年西藏的光伏装机容量将会超过水电，达到 210 万千瓦。

5. 清洁能源发电量与电力消费量预测

对 2015 ~ 2020 年清洁能源发电量以及电力消费量进行分析，预测出了 2021 ~ 2025 年清洁能源发电量以及电力消费量，预测结果如（表 9–4）。

表 9–4 清洁能源发电量及电力消费量预测表

时间（年份）	发电量（亿千瓦时）	电力消费量（亿千瓦时）
2015	45	40.53
2016	54.48	49.22
2017	55.66	58.19

2018	66.64	69.02
2019	85.51	77.6
2020	88.9	82.45
2021	100.28	92.62
2022	109.74	101.3
2023	119.19	109.99
2024	128.65	118.67
2025	138.11	127.36

预测结果表明，在未来五年内，清洁能源发电量及耗电量将会持续增大，且电力消费量占清洁能源发电量的 90% 以上。

6．西藏地区 GDP 的分析

明确经济社会发展目标任务，体现各族群众意愿，引导市场主体行为，是未来一个时期全区经济社会发展的宏伟蓝图，是政府履行职责的重要依据，是全社会共同的行动纲领，因此对于 GDP 的预测至关重要。

（1）GDP 数据分析

表 9–5 GDP 数据表

时间（年份）	GDP（亿元）
2011	665.32
2012	746.54
2013	804.98
2014	871.08
2015	1003.09
2016	1178.21
2017	1358.99
2018	1577.24
2019	1750.16
2020	1847.9

2011 ~ 2020 年 GDP 数据如（表 9–5）所示。2020 年西藏地区的 GDP 为 1847.9 亿元，2011 年为 665.32 亿元，2020 年的 GDP 是 2011 年的将近 3 倍，这十年间 GDP 的年增长率为 12%。通过以上对于 GDP 分析可知，GDP 逐

年增加，说明人民的生活水平逐年提高。

（2）GDP 预测分析

通过已有的 2011 ~ 2020 年 10 年的电力消费量数据来预测未来五年的电力消费量，进而预测“十四五”的 GDP 情况，预测趋势和预测数据分别如（图 9-1）和（表 9-6）所示。

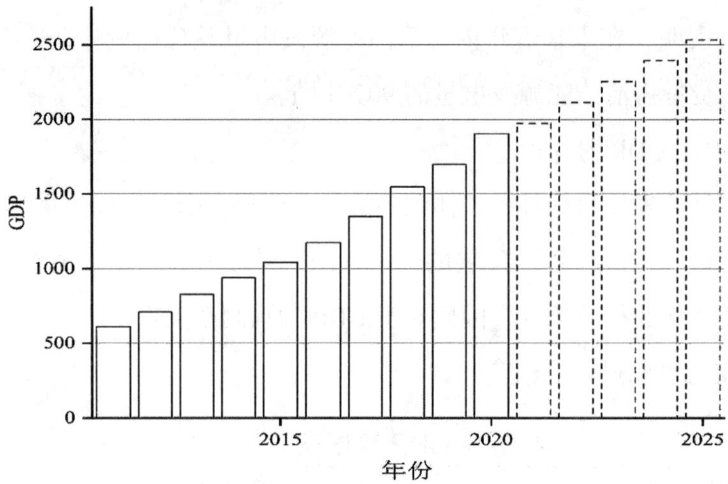

图 9-1 GDP 预测

表 9-6 GDP 预测数据

时间（年份）	GDP（亿元）
2021	1972.38
2022	2112.81
2023	2253.24
2024	2393.66
2025	2534.09

综合上述分析，2015 ~ 2020 年，西藏清洁能源发电量、电力消费量及 GDP 逐年增加，说明西藏经济社会发展迅速，人们的生活水平越来越好。依据能源消费量来预测未来五年的 GDP 数据，经济呈持续健康发展，清洁

能源的高质量发展会助推西藏的GDP增长，会提高人民的生活水平，2025年地区生产总值约为2500亿元，极大提高了西藏人民整体的生活质量，带动各产业持续稳定发展。

（二）清洁能源产业高质量发展路径

西藏具有水电、太阳能、地热、风能等清洁能源资源优势，但存在资源开发力度不足、主电网有效覆盖和延伸不够、季节性电力保障不均衡、发电和外送成本高等问题。因此，做好西藏清洁能源工作，要坚持以习近平新时代中国特色社会主义思想为指导，深入贯彻习近平总书记关于西藏工作的重要论述和中央第七次西藏工作座谈会精神，立足新发展阶段，完整、准确、全面贯彻新发展理念，构建新发展格局，全面贯彻新时代党的治藏方略，认真落实党中央、国务院的决策部署，遵循“四个革命、一个合作”能源安全新战略。完善资源供应体系，加快清洁能源基地建设，推动能源利用示范区建立及应用创新，改善民生用能条件，落实配套支持政策，完善能源援藏机制，为促进西藏经济高质量发展和社会长治久安提供坚强可靠能源保障。

1．完善资源供应体系

开展新能源资源普查，用于完善资源供应体系。在全区具备太阳能、风能、地热能资源潜在开发价值和介入条件的区域增设能源观测设备，在重点开发光热电站的场址增设太阳直接辐射观测设备，完善全区太阳能资源数据；新建测风塔，增加风能项目资源储备，完善全区风能资源数据库；在重点高温地热田、高温地热县市区开展地热资源潜力勘察与选取评价，为地热资源开发利用提供依据。

根据西藏“十四五”规划和二〇三五年远景目标的建议，将推动能源清洁低碳安全高效利用，构建以清洁低碳能源为主的综合能源体系，以推动能源供给侧结构性改革为主线，把发展清洁低碳与安全高效能源作为调整能源结构的主攻方向，推进电能替代、清洁能源电气化，加快雅鲁藏布江中游、金沙江上游水电开发，推动雅鲁藏布江下游、澜沧江上游西藏段、那曲河、玉曲河等流域水电开发，促进清洁能源就地消纳。同时科学开发光伏、地热、风电、光热等新能源，提升综合能源供应保障能力。

2. 加快清洁能源基地建设

国家专项投资。“十四五”时期，国家开发银行将在能源领域大力支持低碳清洁能源发展。2021 年实现西藏能源产业投资完成 235 亿元，力争建成和在建电力装机 1300 万千瓦以上[①]。2022 年大力发展清洁能源产业，建设金沙江上游和雅鲁藏布江中游水风光储多能互补基地，加快雅江水电龙头工程前期工作，积极推进百万千瓦级光伏基地和高海拔风电建设，力争建成和在建装机 1600 万千瓦[②]。

自治区大力发展清洁能源规模化，建设清洁能源基地。其中，在水能资源利用方面，根据国家能源局要求和西藏经济社会发展需要，重点开发金沙江、澜沧江、怒江等流域水电资源，在“十四五”时期，国家将“雅下金上”流域开发上升为国家战略，规划建设中的巴玉、街需、苏洼龙、昌波、波罗、如美等水电站为推动雅鲁藏布江、金沙江、澜沧江等流域水风光综合开发，快速推动藏电外送规模化发展[③]奠定了坚实基础。

在太阳能资源利用方面，主要分为光伏和光热两种方式，在光伏中，以藏中地区为中心推进集中连片的太阳能发电项目，科学论证、规划建设藏东光伏发电开发基地，实现清洁能源规模外送，在光热中，在山南、那曲等地（市）建立光热电站，解决高海拔地区的光热发电技术问题；在风能资源利用方面，在那曲、山南、日喀则布局风电场工程，优选一批资源

① 政府工作报告——2021 年 1 月 20 日在西藏自治区第十一届人民代表大会第四次会议上 齐扎拉 [N]. 西藏自治区人民政府公报，2021-01-15（001）.

② 政府工作报告 严金海 [N]. 西藏日报（汉），2022-01-14（001）.

③ 中共西藏自治区委员会关于制定国民经济和社会发展“十四五”规划和二〇三五年远景目标的建议 [N]. 西藏日报（汉），2021-01-14（001）.

及建设条件较好的场址建设风力发电示范，对重点场址科学规划、分期实施，因地制宜推进多种方式应用风能；在地热能资源利用方面，利用中深层地热发电，重点研究、应用地热发电新技术，在拉萨、那曲、阿里开发地热发电，开展羊八井、羊易、玉寨、古露、古堆等地热发电项目前期工作，变资源优势为产业优势，促进当地绿色经济发展。力争 2025 年清洁能源发电装机容量达到 1700 万千瓦以上，2030 年清洁能源发电装机容量达到 4000 万千瓦以上，建设成国家重要的清洁能源基地[①]。

3．推动建立能源利用示范区及应用创新

积极开展新能源应用示范工程。在拉萨等地推广建设光伏农业生态大棚示范项目；在日喀则等地区发挥区域资源优势，推进绿色能源示范区建设，建设一批智慧能源示范城市（乡镇、园区、楼宇）；以已建项目较多的拉萨、日喀则、山南市为示范基地，有序推动光伏电站建设。重点在条件具备的地（市）规划建设光伏发电产业园，对园区的资源量、项目储备、开发条件等进行详细规划。光热方面，优先选择山南、那曲等地（市）进行光热电站的示范应用。大力推动金沙江上游（藏川段）清洁能源“水风光互补”的外送通道建设，力争 2025 年建成国家清洁可再生能源利用示范区。

探索清洁能源与互联网技术融合的应用创新，探索太阳能沼气、太阳能光催化污水处理、复合式太阳能食品干燥等新型应用。实施农牧清洁能源利用工程，在适宜农牧区积极推广使用沼气、水能、生物质能或天然气等清洁能源，减少对传统薪柴等能源的依赖，创建“养畜—粪污（沼气清洁能源）—种植—秸秆（生物质能）加工（副产品）—养畜”农牧清洁能源循环经济样板工程，提高清洁能源使用率。

① 西藏自治区国民经济和社会发展第十四个五年规划和二〇三五年远景目标纲要[N]. 西藏日报（汉），2021-03-28（001）.

4. 改善民生用能条件

积极开展改善民生用能条件。向牧民推广绿色建筑，推动分布式新能源应用，实施分布式光伏应用项目建设，在光照条件优越的拉萨、山南、日喀则、昌都、那曲、阿里等区域的边远农牧区，开展“农光互补”“牧光互补”“新能源微电网”等项目鼓励农牧业用户安装光伏系统，推广光伏农业灌溉，实现用电自给自足。在光照条件优越的拉萨、山南、日喀则、昌都、那曲、阿里等区域的城区推广太阳能热水器、太阳能节能路灯、太阳灶等的使用。在地热能丰富的区域，利用浅层地热及地表热泉，积极开展城镇供暖和养殖（种植）业、等产业的利用。

5. 落实配套支持政策

加强落实配套支持政策。提升政策供给能力，发挥自治区推进产业发展领导小组及各专项组作用，研究清洁能源产业政策措施，出台自治区优势产业－清洁能源产业指导目录，制定支持西藏清洁能源产业发展的优惠政策，争取清洁能源产业实施目标价格或电价补贴政策，研究制定支持水力发电、太阳能发电、风力发电、地热发电等清洁能源开发利用的优惠政策，细化完善推进大型央企和中小企业的联合发展配套政策。制定清洁能源产业地方标准，继续积极推进外送水电等电源开发。完善招商引资优惠政策，制定目标招商区域，设立招商机构或招商总代理，对引进成功项目建立奖励机制。

加强服务平台建设。推进清洁能源电力交易服务平台，为企业提供产品信息发布、商品交易、融资等服务，为建设藏电外送输电通道，实现清洁能源规模外送提供发展保障服务。发挥西藏农牧学院、西藏大学等机构的核心带动作用，建成以技术服务为核心的公共技术研发平台，提高清洁能源产业的技术水平和核心竞争力。推动科研、检测机构和高校向社会开放检测、科研设施，为企业提供技术标准研究、检验检测仪器共享服务和信息技术交流交易服务。

6．完善能源援藏机制

优化清洁能源产业发展环境。规范用好中央的财政、税收、金融、投资等政策，将国家有关优惠政策进一步细化。结合自治区实际，制定具体的实施细则，形成具有产业吸引力的西藏地方政策体系。加强与对口援藏省市、央企及优质企业的对接，充分利用援藏人才、市场、技术等各种资源，最大限度地用好援藏政策资源。

建立藏电消纳政策机制。充分利用全国各地支援西藏建设的优势，把推进消纳西藏清洁能源作为电力援藏工作的重要内容，通过跨省区富余清洁能源现货交易，加强与对口援藏省市的“电力援藏”暨西藏清洁能源外送消纳合作的联系，推动藏电外送经特高压交、直流通道送往华北、华东、华中等地，促进西藏清洁能源产业发展将资源优势转化为经济优势，助推西藏经济社会发展。

加大招商引资力度。创新清洁能源产业援藏模式，推动援藏央（国）企助力新西藏电力高质量发展。（1）国家电网助力新西藏电力高质量发展，“十四五”国家电网公司推出助力新西藏高质量发展五项举措，第一持续加强西藏电网与西南电网互联；第二高质量建设川藏铁路供电配套工程；第三积极推进青藏直流二期等工程前期工作；第四“四个全力”即全力保障电力可靠供应、全力服务西藏绿色发展、全力助力西藏乡村振兴、全力提供优质电力服务，第五持续加强内部帮扶支援；（2）华能集团推动西藏清洁能源创新发展。“十四五”华能集团以新发展理念推动西藏水电资源开发及多能互补清洁能源基地建设，加快推进构建澜沧江上游西藏段水光互补清洁能源基地、雅江中游水电项目开发，共同努力推动雅江下游水电前期工作，壮大发展西藏清洁能源产业；（3）大唐集团积极建设西藏清洁能源基地。“十四五”大唐集团加快完善产业布局，推动西藏清洁能源基地开发建设，积极开展援藏工作，助力乡村振兴发展；（4）国家电力助力西藏发展清洁能源产业。“十四五”国家电力将进一步助力西藏发展清洁能源产业，并以产业发展带动当地经济发展，助推脱贫工作取得更大成果；（5）三峡集团参与西藏清洁能源领域投资开发。“十四五”三峡集团参与西藏清洁能源领域投资开发，积极主动开展援藏工作，助推西藏清洁能源产业壮大和经济社会发展；（6）华电集团加快西藏清洁能源开发。“十四五”华电集团在建大古水电站、巴玉水电站前期、援建尼玛县光伏储能电站运营，加快西藏清洁能源开发步伐；（7）国家电投助推清洁能源建设。“十四五”国家电投在“十三五”期间实施改则县的可再生能源局域网工程，以及朗镇、措美、桑珠孜区等光伏扶贫项目等工作基础上，进一步助力西藏发展清洁能源和绿色产业，并通过产业发展带动当地经济社会发展。

二、西藏清洁能源产业高质量发展对策

（一）加强组织领导与管理

强化统筹协调。电力体制改革要与国有企业等相关重点领域改革有机结合。自治区发展改革委（能源局）牵头提出工作清单，组织相关部门做好前期统筹协调和研究工作，形成具体方案后抓好推进落实工作。

（二）完善清洁能源配套产业链

完善清洁能源制造产业链，鼓励龙头企业进一步扩大光伏、风电、水电、地热等主导产品规模，创新开发新型清洁能源构建产品。引进培育上游多晶硅、光伏玻璃、逆变器、汇流箱等耗材产业，形成以光伏硅为核心，耗材、辅材、配套设备企业集聚发展的全产业链；提升风电制造配套能力，积极引导国内风电主机龙头企业进藏投资建厂，引导本地铸造、设备制造、电气等企业与龙头企业合作，提升零部件本地配套能力；积极发展清洁能源生产性服务业，支持区内清洁能源施工企业参与全国清洁能源项目开发。提升产业数字化水平，发展智能化管理、运行、维护等后市场服务，培育壮大清洁能源生产性服务业。

坚持自治区统一规划，优先支持清洁能源配套产业，促进上下游一体化配套产业发展。推进重大项目，建立清洁能源产业重大项目库，确定年度重点项目，制定年度投资计划，推动重大项目建设；加大资金支持，认真落实国家税收优惠、补贴政策，聚焦重点支持清洁能源产业发展。用足用活政府产业引导基金、保险补贴等政策，支持清洁能源企业上市，解决融资困难；增强科技支撑，实施“人才+”清洁能源产业行动计划，支持人才技能实训基地建设，提升本地配套能力和上下游技术创新。

（三）提升优化能源开发布局

科学规划西藏资源开发布局和时序，加强西藏清洁能源的资源普查。按照支持力度设置鼓励、限制、禁止三个开发级别，按照开发时间从近、中、远期三个开发阶段，因地制宜、因能制宜，推动形成各有侧重、优势互补的区域能源发展格局。藏中地区大力开发雅鲁藏布江中游、朋曲、易贡藏布等河流水能资源，推进太阳能、风能、地热能的开发利用。藏东南地区着力打造“西电东送”基地，推进太阳能开发利用，实现电力规模外送。藏西北地区重点开发太阳能、风能、地热能等清洁再生能源[①]，开展清洁能源供暖试点工作，如光电、光热等，扩大就地消纳规模。

（四）促进技术创新及加大资金投入

不断加强技术创新。开展水能发电、光伏发电、风力发电、水风光互补发电等新技术的集成推广研究，有效促进行业整体技术水平的快速提升，更大程度上发挥清洁能源行业的优势和效益；继续加强清洁能源开发利用技术和设备的研发和引进，为清洁能源开发利用提供支撑；加强企业、高校和研究所合作，结合各方优势，实现资源价值最大化，打造自主产业生态模式；加强清洁能源自主技术、产品和传输领域的知识产权管理和保护，提高企业和高校参与国际市场竞争的强度，并积极抢占科技制高点。

① 西藏自治区“十三五”时期国民经济和社会发展规划纲要 [N]. 西藏日报（汉），2016-04-24（001）.

加大资金投入力度。依据相关法律法规和政策规定，结合西藏实际，制定相关财税规定，鼓励和引导企业对清洁能源等产业的投资。继续扩大企业所得税减免的范围，对清洁能源建设经营项目，清洁能源高质量发展相关产业链建设工程，实施不同程度的税收减免。向银行等金融机构申请用于西藏境内清洁能源项目建设、生产经营等符合条件的贷款，要执行比全国贷款基准利率更低的利率政策，使更多企业可以享受到政策优惠。

充分发挥市场调节作用。合理开发和利用西藏的清洁能源，从产业的上中下游全面展开，建立产业链，完善相应的配套产业，减少政府干预，建立起产、用、销于一体的完整产业链，使西藏市场更加稳健，承载力更强。推进抽水蓄能电站建设，在合理进行相关考察后，建设抽水蓄能电站，可以在清洁能源发电高峰期期，进行能量存储；在低谷期进行释放，提高清洁能源发电的效率。

三、西藏清洁能源产业高质量发展保障

根据西藏清洁能源产业高质量发展的现实特点，主要从政策法规、资金扶持、能源规划、交流合作及人才队伍建设等五个方面，提出西藏清洁能源产业高质量发展体制机制保障。

（一）政策法规

西藏清洁能源产业健康、稳定和快速的发展离不开具体条文的监管和保护如完善的法律体系、激励政策、地方支持条例等。“十四五”规划提出要正确处理好“十三对关系”，抓好稳定、发展、生态、强边四件大事，统筹研究西藏清洁能源外送支持性政策，由国家相关部门协调受端省份特别是对口支援西藏省份，优先接纳西藏清洁能源；以金沙江上游外送水电站、藏东太阳能发电基地、日喀则太阳能发电园区建设为契机，推动西藏清洁能源资金、外送消纳市场和价格形成机制等相应政策尽快出台落实。

因此，在加强西藏地区清洁能源发展的扶持力度的同时，完善相应政策配套的法律条文，为清洁能源开发利益保驾护航具有重要意义。

（二）资金扶持

1．清洁能源开发利用

积极推进西藏清洁能源开发利用，有效利用中央预算内的投资进行农村及偏远地区电网改造升级和天然气储备基地建设。同时，鼓励国有企业从宏观的角度考虑整个地区和行业，把握清洁能源行业的发展方向，基于宏观经济数据把控西藏清洁能源的利用策略。

2．清洁能源资金利用

国有企业可加大对西藏清洁能源开发利用的投入，率先在某种清洁能源产业发展中形成规模，树立清洁能源开发利用的示范和标杆。同时，国有企业可加大对清洁能源开发利用的科技投入，集中精力解决清洁能源开发利用中的技术难题，做到分享行业成果和加快推进西藏清洁能源产业发展。

3．清洁能源政策争取

国有电力企业进驻西藏，为西藏地区的清洁能源行业争取到国家层面的政策支撑。西藏地区的清洁能源行业迎来了快速且高质量发展时期，同时，各电力企业采用全方位的开发利用模式，如独资、合资及控股等形式，为西藏清洁能源行业的健康稳定发展带来了保障。

4．清洁能源行业协调

国有企业作为行业领先者，站在国家、地区、行业的战略高度上进行协调西藏地区清洁能源开发利用比例优化；从行业健康长远发展的角度上进行西藏地区清洁能源开发利用模式优化。优化过程中做到在开发中保护、在保护中发展，最后形成良性的清洁能源发展机制。

（三）能源规划

西藏地区因其具有多种类型的清洁能源且储量丰富，是“双碳”目标和新型电力系统下大规模应用水能、太阳能、风能及地热能等清洁能源的重要地区。然而西藏地区的清洁能源潜力尚未完全开发，因此需要继续加强和完善能源规划。

1. 加强规划衔接

加强本规划与国家、自治区相关规划之间的衔接，做到电源与土地开发、城市建设的协同发展，做到电源与电网、气源和气网的同步规划，发挥规划对清洁能源发展的引导作用。

2. 完善监督机制

加强对规划实施情况的监督管理、监测预警和跟踪分析。在规划实施过程中，适时组织开展全面评估，提出相关对策措施。需要对本规划调整时，及时研究提出调整方案，并组织评估调整。

3. 加强社会监督

推进规划实施的信息公开，定期公布规划实施情况。健全政府与企业、居民的信息沟通和交流机制，提高规划实施的民主化程度和透明度。发挥新闻媒体、群众社团的桥梁和监督作用，促进规划的有效实施。

（四）交流合作

1. 深化自治区与能源央企在能源经济领域的战略合作，积极创造良好投资环境。积极争取国家支持，发挥电力央企援藏在解决民生用能条件持续改善方面的重要作用。加快推动油气央企与自治区就地热资源开发利用、天然气利用等开展战略合作。

2. 在国家“一带一路”战略布局的框架下，积极推动西藏能源对外合作，探索与南亚邻国建立紧密的能源合作关系。

（五）人才队伍建设

立足西藏清洁能源产业情况，可通过有针对性的招聘及招聘专业院校毕业生，培训和引进技术人才；同时，加强现有员工的技能培训及到内地行政机关、能源企业进行交流和培训，提高能源管理和技术水平；最后，可通过建设工程项目，开展技能培训，在实践中培养和锻炼一批技术和管理人员。

参考文献

[1]《能源发展“十三五”规划（公开发布稿）》[EB/OL]，来源：国家能源局，2016 年 12 月 . http://www.nea.gov.cn/2017-01/17/c_135989417.htm.

[2]《之十二：能源工业得到进一步加强》来源：国家统计局，2002 年 10 月 23 日 .http://www.stats. gov.cn/ztjc/ztfx/yjsld/200210/t20021023_36055.html.

[3]《详见《国务院关于印发能源发展“十二五”规划的通知国发 [2013]2 号》，中央政府门户网站，2013 年 1 月 23 日 . http://www.gov.cn/zwjk/2013-01/23/connect_2318554.html.

[4]《能源发展“十三五”规划（公开发布稿）》[EB/OL]，来源于“国家能源局”2016 年 12 月 . http://www.nea.gov.cn/2017-01/17/c_135989417.htm

[5] 苏树辉，贺禹，韩文科主编 . 国际清洁能源产业发展报告 . 北京：世界知识出版社，2018.12.

[6]2018 中国清洁能源行业发展前景研究报告，中商产业研究院 .

[7] 王成福，中国地热能产业高质量发展模式研究 [D]，中国地质大学（北京），2020.06.

[8] 何恒，壮大浙江清洁能源产业 [J]. 今日浙江，2018.17.

[9] 姜宏 . 产业集群低碳化建设路径探讨 [J]. 学术交流，2016（05）:124-130.

[10] 国新办举行中国可再生能源发展有关情况发布会 . http://www.nea.gov.cn/2021-03/30/c_139846095.htm.

[11] 赵建安，钟帅，胡纾寒，沈镭 . 新时代西藏自治区能源矿业碳排

放格局研究 [J]. 中国能源，2021，43（06）:67–74.

[12] 白军，秦薇，姜梅 . 西藏地区多能互补供暖系统可行性研究 [J]. 节能，2020，39（08）:107–109.

[13] 董晓冬 . 西藏清洁能源供暖发展浅析 [J]. 西藏科技，2020（02）:22–23+29.

[14] 李光伟，古家平 . 基于水电开发格局的西藏清洁能源建设布局初步研究 [J]. 水电站设计，2019，35（03）:67–70.

[15] 寇扬扬，谢静宜 . 西藏生态经济发展路径探讨 [J]. 度假旅游，2019（04）:321–322.

[16] 朱国平 . 西藏清洁能源开发利用的思考 [J]. 经济研究导刊，2019（05）:59–61+143.

[17] 古桑德吉，马兴斌，李晓忠 . 西藏贫困山区土地高效利用技术应用初探 [J]. 西藏农业科技，2018，40（02）:40–43.

[18] 汪祖芬 . 中国村镇生活用能源消费现状分析 [D]. 哈尔滨工业大学，2018.

[19]“电力天路”累计向西藏输送电量 42.29 亿千瓦时 [J]. 四川水力发电，2017，36（05）:147.

[20] 赵冉 . 根据东部承载能力规划西部清洁能源 [N]. 中国电力报，2017–03–14（001）.

[21] 王高峰 . 西藏清洁能源：“十三五”谋破局 [J]. 能源，2016（09）:70–72.

[22] 郅海杰 . 资源环境约束下的西藏能源产业发展战略研究 [D]. 北京理工大学，2016.

[23] 华能千亿巨资开发利用西藏清洁能源 [J]. 资源与人居环境，2012（11）:51.

[24] 华能计划投资千亿元综合开发利用西藏清洁能源 [C]//.《电站信息》2012 年第 10 期 .，2012:51.

[25] 周勇刚 . 西藏建设综合清洁能源基地 [N]. 中华工商时报，2010-10-14（003）.

[26] 韩立群 . 当前国际能源转型探析 [J]. 国际研究参考，2018，No.365（06）:5-11.

[27] 谢秋野 . 促进我国能源高质量发展的思考 [J]. 煤炭经济研究，2019，39（7）:1-1.

[28] 段娟 . 中国绿色低碳发展道路的实践探索及其启示 [J]. 宁夏社会科学，2019，000（006）:27-34.

[29] 叶青海 . 我国能源供给体系高质量发展的协同推进机制研究 [J]. 河南科技大学学报（社会科学版），2019，37（04）:65-71.

[30] 魏昭峰 . 认清形势 凝聚合力 推动我国电力工业实现高质量发展 [J]. 中国电力企业管理，2019（13）:12-15.

[31] 杨昆 . 电力工业高质量发展之路 [J]. 中国电业，2019（10）:14-17.

[32] 李斯胜，霍翔远 . 提升能力 推动新能源高质量发展 [J]. 国际工程与劳务，2020（08）:64-65.

[33] 粘建军，李世田 . 清洁能源发电企业高质量发展的“四个转变”[J]. 企业管理，2020（S2）:168-169.

[34] 赵宇新 . 开创西北区域新能源高质量发展新格局 [J]. 中国电力企业管理，2020（34）:34-36.

[35] 张琳 . 创新转型实现高质量发展——电力行业“十四五”发展展望 [J]. 中国电力企业管理，2020（33）:18-20.

[36] 江波 . 能源转型发展背景下我国海上风电高质量发展策略 [J]. 大众用电，2021，36（05）:73-74.

[37] 祁瑞雄、齐龙、陈淑珍 . 大同市能源清洁高效利用综合补偿机制的构建探索 [J]. 商业经济，2020，No.529（09）:24-25+31.

[38] 王欢 . 国外某水电站计算机监控系统分析与应用 [J]. 科技创新与应

用，2020，000（003）:162–164.

[39] 宋青，张爱萍 . 加强氢能立法顶层设计 促进清洁能源高效利用——访全国人大代表、国网辽宁省电力有限公司董事长石玉东 [J]. 中国电业，2020（06）:10–12.

[40] 郑旭 . 实干创造高质量民生 [J]. 民生周刊，2021（06）:22–24.

[41] 陈向国 . 中国正在构建多元清洁能源供应体系 [J]. 节能与环保，2021（01）:22–25.

[42] 徐晓亮 . 清洁能源补贴改革对产业发展和环境污染影响研究——基于动态 CGE 模型分析 [J]. 上海财经大学学报 : 哲学社会科学版，2018（5）:44–57.

[43] 林美顺 . 清洁能源消费、环境治理与中国经济可持续增长 [J]. 数量经济技术经济研究，2017（12）:4–22.

[44] 徐东，刘清志，王臻 . 低碳视角下我国能源结构优化研究 [J]. 生态经济，2011，000（009）:85–87，129.

[45] 张洪潮，王素芳，张凌晓，等 . 中国能源结构生态化的演化轨迹研究——基于 2002–2011 年的面板数据 [J]. 工业技术经济，2014（5）:138–144.

[46] 张锐，寇静娜 . 全球清洁能源治理的兴起 : 主体与议题 [J]. 经济社会体制比较，2020（2）:182–191.

[47] 李俊峰 . 开启清洁低碳安全高效的能源新时代 [J]. 中国国情国力，2018，000（004）:1–1.

[48] 高子涵，乔婧，黄裕荣 . 浅析我国太阳能光热发电产业发展趋势 [J]. 情报工程，2015，1（2）:49–56.

[49] 宁宇新 . 促进我国清洁能源产业可持续发展的对策研究——基于政治经济学视角的分析 [J]. 内蒙古社会科学（汉文版），2016，37（02）:119–123.

[50] 覃欣，徐晓敏，仲苏亮 . 在能源转型中推进光热产业健康发展 [J]. 开放导报，2018，000（003）:64–66.

[51] 王瑞红 . 我国清洁能源产业财税政策的评价分析 [J]. 全国流通经济，2019（07）:116–118.

[52] 李平，屠沂枫 . 银行支持清洁能源产业发展——碳达峰、碳中和约束下的分析 [J]. 银行家，2021（04）:84–86.

[53] 袁志彬 . 西藏的太阳能产业 [J]. 高科技与产业化，2014，10（8）:98–101.

[54] 唐学军，陈晓霞 . 西藏农牧区清洁可再生能源发展分析及建议 [J]. 华北电力大学学报（社会科学版），2015（04）:17–24.

[55] 刘威，罗红英，余强等 . 西藏新能源开发利用现状分析与对策 [J]. 水电与新能源，2015，000（005）:76–78.

[56] 李光伟，古家平 . 基于水电开发格局的西藏清洁能源建设布局初步研究 [J]. 水电站设计，2019，035（003）:67–70.

[57] 谭继文 . 促进雪域高原经济社会环境协调发展推进能源绿色革命，保障国家能源安全——西藏水电发展历程和发展展望 [J]. 水力发电，2019，45（02）:33–38.

[58] 朱国平 . 西藏清洁能源开发利用的思考 [J]. 经济研究导刊，2019（05）:59–61+143.

[59] 董晓冬 . 西藏清洁能源供暖发展浅析 [J]. 西藏科技，2020（02）:22–23+29.

[60] 牛犁，闫敏 . 中国经济由高速增长阶段转向高质量发展阶段 [J]. 金磅，2018.

[61] 张核真，格桑，路红亚 . 西藏风能资源的初步分析与评价 [J]. 西藏科技，2005，（3）:33 — 34.

[62] 孙宇浩，段金平，段海明 . 西藏地热资源丰富潜力巨大 [J]. 地热能，2014，000（002）:31–31.

[63] 文雪梅，土艳丽 . 西藏生物质能源利用及展望 [J]. 西藏科技，2011

（11）:26–28.

[64] 程荃 . 欧盟新能源法律与政策研究 [D]. 武汉大学，2012.

[65] 蒋一澄，欧盟能源政策：动力、机制与评价 [J]. 浙江社会科学，2006（01）:108–112

[66] 张晓 . 我国可再生能源电力价格与补贴分析 [D]. 江西财经大学，2015.

[67] 王雨 . 光伏发电在我国农村及偏远地区的推广与利用研究 [D]. 中国农业科学院，2012.

[68] 杜尔顺，张宁，康重庆等 . 太阳能光热发电并网运行及优化规划研究综述与展望 [J]. 中国电机工程学报，2016（36）:5775.

[69] 田卫江 . 国能巨野生物质发电项目环境研究 [D]. 中国海洋大学，2009.

[70] 高伟，王静燕 . 可再生能源发电双向电能交易管理系统的研究与设计 [J]. 科技风，2009，（013）:201.

[71] 本刊编辑部 . 加强国际合作，做大做强产业 [J]. 太阳能，2007（11）:1–1.

[72] 中共西藏自治区委员会关于制定国民经济和社会发展“十四五”规划和二〇三五年远景目标的建议，2021.

[73] 田卫江 . 西藏水电发展与思考 [J]. 水力发电，2019.45（2）:25–28.

[74] 王新明 . 西藏发展风力发电的可行性研究 [J]. 西藏科技，2012，000（012）:79–80.

[75] 田磊磊，陈有贵，吕鹏林 . 浅析大幅度提高机械调节器运行寿命的可能性 [J]. 上海大中型电机，（1）:36–39.

[76] 张超宇，李胜涛，郭彦威，等 . 西藏青藏铁路沿线地热资源开发利用方向思考 [J]. 中国国土资源经济，2013（11）:49–51.

[77] 西藏自治区自然资源厅 . 西藏地热资源及地热发电的现状与展望

[N]. http://zrzyt.xizang.gov.cn/dt/xzzrzygk/201907/t20190731_90649.html.

[78] 管嘉焕 . 清洁能源建设中的问题与对策研究——以中广核集团为例 [D]. 辽宁师范大学，2018.

[79] 邢福俊 . 中国水环境的改善与城市经济发展 [D]. 东北财经大学，2002.

[80] 杨小锋 . 西藏水资源的特点及开发利用的探讨 [A]. 中国水利学会 . 中国水利学会 2000 学术年会论文集 [C]. 中国水利学会 : 中国水利学会，2000:6.

[81] 张国庆 . 西藏“一江两河”流域典型区段藻类群落时空分布特征及其与环境因子间的关系 [D]. 西藏大学，2020.

[82] 张一鸣 . 中国水资源利用法律制度研究 [D]. 西南政法大学，2015.

[85] 西藏旁多水利枢纽 拉萨河上的“西藏三峡”[EB/OL]，来源于图片中国官方账号 . https://baijiahao.baidu.com/s?id=1706327233623058485&wfr=spider&for=pc.

[86] 近 1900 万人受惠！“三区三州”进入“大电网”时代 [EB/OL]，转引于“新华网”.https://baijiahao.baidu.com/s?id=1671020576912743099&wfr=spider&for=pc.

[88] 姜南，杜恩社，王海江，洪亮 . 论西藏太阳能资源开发与应用前景 [J]. 西藏科技，1999（03）:37–39.

[89] 尹淞 . 太阳能光伏发电主要技术与进展 [J]. 电力技术，2009（10）:2–6+14.

[90] 白军，秦薇，姜梅 . 西藏地区多能互补供暖系统可行性研究 [J]. 节能，2020，39（08）:107–109.

[91] 易桂平，胡仁杰 . 分布式电源接入电网的电能质量问题研究综述 [J]. 电网与清洁能源，2015，31（01）:38–46.

[92] 龚柱 . 光伏并网发电对西藏电网的影响 [J]. 科技经济导刊，2018，

26（08）:42–43.

[93] 姜民明 . 基于 EVA 理论的 G 光伏制造企业价值评估研究 [D]. 山东大学，2018.

[94] 肖伟 . 藏西南边远地区直接受益式太阳能采暖研究 [D]. 清华大学，2010.

[95] 白树华，卢继平 . 西藏高原的气候环境对风力发电的影响分析 [J]. 电力建设，2016（11）:37–40.

[96] 孟正 . 西藏地区高原风电机组及开发方式选择 [J]. 中国高新技术企业，2016（31）:64–65.

[97] 中共西藏自治区委员会关于制定国民经济和社会发展“十四五”规划和二〇三五年远景目标的建议 [N]. 西藏日报（汉），2021–01–14（001）.

[98] 中共西藏自治区委员会关于制定“十三五”时期国民经济和社会发展规划的建议 [N]. 西藏日报（汉），2015–12–31（001）.

[99] 中国电力工业高质量发展：目标、机遇挑战与实现路径，白玫，价格理论与实践，2019，07.